国家中等职业教育改革发展示范学校规划教材·会计专业

# 会计综合实训——提高篇

主　编　吕玉杰

副主编　何素花　段淑荣　李小香

中国财富出版社

**图书在版编目（CIP）数据**

会计综合实训. 提高篇/吕玉杰主编. —北京：中国财富出版社，2015.3

（国家中等职业教育改革发展示范学校规划教材. 会计专业）

ISBN 978 - 7 - 5047 - 5695 - 4

Ⅰ. ①会… Ⅱ. ①吕… Ⅲ. ①会计学—中等专业学校—教材 Ⅳ. ①F230

中国版本图书馆 CIP 数据核字（2015）第 090428 号

| | | | | | | |
|---|---|---|---|---|---|---|
| 策划编辑 | 王淑珍 | | 责任编辑 | 孙会香　惠　姬 | | |
| 责任印制 | 何崇杭 | | 责任校对 | 梁　凡 | 责任发行 | 斯　琴 |

| | | | |
|---|---|---|---|
| 出版发行 | 中国财富出版社 | | |
| 社　　址 | 北京市丰台区南四环西路 188 号 5 区 20 楼 | 邮政编码 | 100070 |
| 电　　话 | 010 - 52227568（发行部） | 010 - 52227588 转 307（总编室） | |
| | 010 - 68589540（读者服务部） | 010 - 52227588 转 305（质检部） | |
| 网　　址 | http://www.cfpress.com.cn | | |
| 经　　销 | 新华书店 | | |
| 印　　刷 | 中国农业出版社印刷厂 | | |
| 书　　号 | ISBN 978 - 7 - 5047 - 5695 - 4/F・2383 | | |
| 开　　本 | 787mm×1092mm　1/16 | 版　　次 | 2015 年 3 月第 1 版 |
| 印　　张 | 11.75 | 印　　次 | 2015 年 3 月第 1 次印刷 |
| 字　　数 | 264 千字 | 定　　价 | 32.00 元 |

# 国家中等职业教育改革发展示范学校
# 规划教材编审委员会

# 前　言

　　姜大源教授提出的关于工作过程系统化的理论：每一学习领域，即课程，都由多个学习情境即学习单元构成，而学习情境的设计，应该按照工作过程展开。同时，按照工作过程展开的学习情境设计，必须采取"比较"学习的原则。"比较"必须具备三个基本要求：其一，比较必须三个以上；其二，比较必须同一个范畴；其三，比较中重复的是步骤（工作过程）而不是内容。各个学习情境之间具有平行、递进、包容的逻辑关系。学生在同一个范畴的三个以上工作过程构成的课程单元——学习情境的学习中，通过步骤的重复掌握技能，融入知识，又在不同内容的比较中，提升自己的能力。

　　本会计综合实训课程作为会计职业教育的综合课程，基于工作过程系统化的理论，以工业企业类型为载体，设计了三个典型的学习情境——生产一种产品企业会计核算实训、生产两种产品企业会计核算实训、生产三种产品企业会计核算实训。通过三个典型学习情境的学习，进行基于会计工作过程的会计综合实训，即设置会计科目—建账—填制审核原始凭证—编制记账凭证—登记账簿—进行对账及结账—编制财务会计报告—进行会计档案管理，将本课程实训项目所涉及的全部技能贯穿其中，使学生先通过生产一种产品企业会计核算实训掌握会计核算的工作过程，再在此基础上通过生产两种产品企业会计核算实训和生产三种产品企业会计核算实训两个情境的学习，使学生不断强化会计职业技能，深化对会计职业的认知。为了进一步让学生熟悉实训的有关内容，全面把握企业会计核算的工作程序，我们以一个纺织企业1月、2月、3月三个月的实际经济业务为实训材料，将三个学习情境连接在一起，设计该模拟实训，使学生能够通过实训理解企业经济业务如何连续记账。有效地解决了学生在实际工作中分不清前后月份余额之间的关系的问题。

　　本教材的编写是由具有多年从事相关专业教学工作且教学经验丰富的高级讲师、讲师担任。本书由河北经济管理学校吕玉杰担任主编，拟定详细的写作提纲和各个学习项目之间的情境连接；何素花、段淑荣、李小香担任副主编，拟定各任务的主要内容与编写要求。具体分工是：项目一由孙艳撰写；项目二由吕玉杰、段淑荣、邱蕾、陈慧丽撰写；项目三由李小香、尹静、陈燕、李鹏、唐立召（河北众诚假日酒店）撰写；项目四由何素花、王静、姬玉倩、张好刚、蒋瑞征（河北金涛建设工程质量监测有限公司）撰写；全书最后由段淑荣、李小香校稿，由吕玉杰完成统稿和补充、修改、定稿工作。感谢用友公司在教材编写过程中的大力支持。

由于编写时间仓促，加之编写水平有限，缺点和不成熟之处在所难免，敬请广大读者批评指正，以便以后不断完善。

编　者

**2015 年 1 月**

# 目　录

# 项目一　会计综合实训的目的与要求

**知识目标** ▶▶

1. 了解会计综合实训的目的；
2. 理解会计综合实训的基本要求、评价标准。

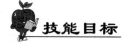

**技能目标**

1. 认识会计各项操作规范；
2. 会正确书写会计字。

**情感态度与价值观**

逐渐养成细心的职业素养，走近会计岗位。

## 任务一　会计综合实训的目的

### 一、会计综合实训课程的主要内容

会计综合实训课程作为会计职业教育的综合课程，以典型的工业企业类型为载体，设计了三个典型的学习情境——生产一种产品企业会计核算实训、生产两种产品企业会计核算实训、生产三种产品企业会计核算实训。通过三个典型学习情境的学习，进行基于会计工作过程的会计综合实训，即设置会计科目—建账—填制审核原始凭证—编制记账凭证—登记账簿—进行对账及结账—编制财务会计报告—进行会计档案管理，将本课程实训项目所涉及的全部技能贯穿其中，使学生先通过生产一种产品企业会计核算实训掌握会计核算的工作过程，再在此基础上通过生产两种产品企业会计核算实训和生产三种产品企业会计核算实训两个情境的学习，使学生不断强化会计职业技能，深化对会计职业的认知。为了进一步让学生熟悉实训的有关内容，全面把握企业会计核算的工作程序，我们以一个纺织企业1月、2月、3月三个月的实际经济业务为实训材料，将三个学习情境连接在一起，设计该模拟实训，使学生能够通过实训理解企业经济业务如何连续记账。要求各实训小组学生在教师的指导下，独立完成从建账、填制和审核有关会计凭证、登记账簿、成本计算、财产清查、结账与对账，到编制会计报表的全部会计核算工作。并按会计档案管理的要求，加以分类整理，装订成册，最后统一交存归档保管。

## 二、会计综合实训的主要目的

会计综合实训的主要目的是全面培养和锻炼学生从事会计核算的基本技能，系统掌握会计核算的体系和全过程，具体包括以下几项：

（1）通过企业会计综合实训，使学生系统地了解和掌握企业会计核算体系和全过程。

（2）通过模拟企业账簿的建立与登记、记账凭证的编制与审核、会计报表的编制等各个环节的实训，全面培养和锻炼学生会计核算的基本技能。

（3）通过模拟企业发生的各种不同经济业务的会计处理，使学生面向实际，了解和掌握各种情况下的会计处理方法，培养和锻炼学生运用会计知识和有关法规处理具体经济业务的能力和水平。

（4）通过对模拟企业的资产、负债、所有者权益、收入、费用、利润等进行核算，使学生进一步掌握各项会计要素的核算方法，尤其是材料成本和完工产品制造成本的核算方法、所得税核算方法及利润分配的程序和方法等。

（5）通过对模拟企业应税行为的确认和应交税费的计算及纳税申报表的填制，使学生将所学的税法知识正确地应用于实际，加深对有关税法的理解，尤其是增值税法和企业所得税法，初步培养学生对税务的处理能力。

（6）通过对会计实训的合理组织，使学生进入会计核算中的各个岗位角色，如出纳、制单（表）、记账、审核等，初步了解各个岗位的职责和企业财务管理的内部控制机制。

让学生通过运用手工操作手段，对模拟会计资料进行综合实训，增强对会计专业知识的理解和感性认识，提高会计业务综合处理能力，树立分工协作意识和培养良好的会计人员职业道德；使学生系统地掌握企业会计核算的全过程，熟悉会计内部控制制度，从而提高会计综合实践能力。

# 任务二　会计综合实训的考核与评价

实训成绩的考核是会计模拟实训的重要环节。它是提高实训质量、促进实训过程良性运转的有力保证。为此，建立了一套科学合理、行之有效、易于操作的实训考核体系，将实训要求与实训项目完成的质量进行指标量化，按量化指标和规定的评分程序，对每一个学生的实训全过程进行考核并评定成绩。

## 一、确定考核项目

实训考核项目的确定，决定了该项实训的要求、环节和内容。可供参考的考核项目设置如下：

（1）实训纪律。涉及具体的实训制度的遵守情况和实训课堂表现等方面。严格的实训纪律是模拟实训有序进行的重要保证。没有一个好的实训纪律，就难以取得良好的实训效果。

（2）实训日记。在实训过程中，要求学生结合实训内容撰写实训日记。通过该环节来调动学生运用会计理论认识和解决实际问题的能力。同时，实训日记也是编写实训报告的基本素材。

（3）实训技能。它是会计模拟实训的核心。具体内容包括填制会计凭证、登记账簿、编制会计报表和财务情况说明书、装订会计档案，以及会计凭证设计、会计程序分析、会计方法分析等内容。

（4）实训报告。它是完成会计模拟实训全过程的书面总结，该环节主要考核学生能否以某一个或某几个实训项目的内容作为中心论题，准确地描述各种不同性质经济业务账务处理的依据及其与相关会计制度和会计政策的内在联系，能否结合实训内容的重点和疑点，提出问题，分析问题，并提出切合实际的改进措施和建议。

## 二、会计模拟实训操作规范及评分标准

### （一）会计模拟实训操作规范

（1）模拟实务操作等同于实际工作，应按照会计核算程序及有关规章制度，认真填制会计凭证，登记会计账簿并编制会计报表。

（2）模拟训练时，必须先认真思考理解题意及要求再动手操作，做完后要认真检查，防止遗漏和错误。

（3）实习用的各种凭证、账簿、报表一律使用统一格式，凭证、账簿，以及报表的项目要按有关规定填写清楚、完整。

（4）在填制会计凭证，登记账簿和编制会计报表时，除按规定必须用红色墨水笔外，所有文字、数字都应使用黑（蓝黑）墨水笔书写；填写现金支票，转账支票必须使用黑色墨水笔或签字笔，不准使用铅笔和圆珠笔（复写凭证除外）。

（5）在进行数字计算时，提倡运用算盘计算，以熟练计算技术，为今后做实际工作打好基础。

（6）书写有错误时，应按规定方法改正，不得任意涂改、刮、擦、挖、补，按正确方法改正之后须在修改过的地方加盖自己的印章。

（7）文字和数字的书写要正确、整洁、清楚、规范。

（8）要按规定的时间完成模拟实务训练的全部任务。

**（二）会计模拟实训成果验收标准**

1. 指标设置及分值结构

依据实训大纲的要求，结合会计实训操作的具体特点，对会计模拟实训成果的验收及考评，可供参考的考核指标及其对应考评分值设置为记账凭证、账簿、会计报表、实训日志与实训报告、加分因素及考勤六个部分，考评分值前四项分别为 30 分、30 分、15 分、25 分，加分累计不超过 15 分，考勤按照缺勤次数计负分。

2. 对各考评指标的具体要求

（1）记账凭证：

①年、月、日及编号是否齐全、连续。

②是否说明了附件张数。

③同号分页记账凭证是否按 $1/n，2/n，\cdots，n/n$ 编号。

④一笔经济业务使用多张记账凭证连续记录时格式是否正确。

⑤"制单""记账""审核"处是否填写姓名。

⑥记账后是否标有记账符号"√"。

⑦明细成本项目是否齐全、正确。

⑧一张记账凭证上不许有两处更改或错误。

⑨以上要求，每一处不符合扣 0.25 分。

（2）账簿。

①正确选择不同格式的账页。

②上年结转数是否有"上年结转"章以及余额的方向章。

③小计、月计、累计是否正确。

④余额结算的位置是否正确。

⑤数量、金额式账户是否有数量记录。

⑥记账需自然过渡到下一页时，在下一页的首行是否标明"承前页"字样。

⑦结转下年的格式和内容是否正确。

⑧一张账页上不允许有四处更改。

⑨以上要求，每一处不符合扣 0.25 分。

（3）报表。

①整洁，不可以出现刮、擦、挖、补、涂的数字。

②正确。

③以上要求，有一处更改扣 0.25 分，有一处错误扣 5 分。

（4）实训日志和实训报告。

①按时填写日志，言之有物。

②无抄袭现象。

③实训报告格式规范，文字工整。有实际内容，观点明确。

④实训报告不少于 2000 字。

⑤以上要求，如不符合，酌情扣分。

（5）加分因素。

①记账凭证、账簿、报表正确、整洁加分，该方面加分总计不超过 5 分。

②自制表格设计合理、明晰、有推广价值的加分，该方面加分总计不超过 10 分。

（6）考勤方面。

①迟到、早退每小时扣 0.5 分。

②旷课每次扣 2 分。

③请假：事假扣 1 分、病假扣 0.5 分。

④课上说话、串岗聊天、玩手机、课上吃东西及不注意实训室卫生每人次扣 1 分。

⑤该部分累计扣分达 40 分者，取消其实习资格。

# 项目二 生产一种产品企业会计核算实训

 **知识目标** ▶▶

1. 了解实训企业的基本概况和核算要求；
2. 掌握企业生产一种产品时成本核算方法。

**技能目标**

1. 在老师指导下学会编制记账凭证；
2. 在老师指导下学会登记各种明细账、总账；
3. 在老师指导下学会会计报表编制。

**情感态度与价值观**

逐渐养成细心、认真的职业素养，认真对待所从事的会计工作。

 任务一 了解实训企业基本情况

## 一、企业概况

本实训模拟企业基本情况如下：

（1）企业名称：石家庄仁华纺织有限公司。

（2）注册地址：石家庄市友谊大街 181 号。

（3）联系电话：8363××××、8363××××。

（4）法定代表人：陈凯华。

（5）注册资本：500 万元人民币，其中河北大华纺织集团 60％、李连贵 40％。

（6）企业类型：有限责任公司。

（7）经营范围及产品：生产与销售纺织品，主要产品是涤棉平布。

（8）公司的组织机构及人员情况：公司在职职工共 140 人。公司设有以下职能处室及生产单位：

①管理部门：包括总经理办公室、总工程师办公室、行政办公室、劳人处、财务处、工会及老干部处共22人。负责整个公司的行政管理及全面组织、管理公司的各项业务。

②销售部门7人，负责产品全部销售业务。

③供应部门5人，负责公司各种材料、机器设备的采购业务。

④仓管部门4人，负责存货实务的收、发、保管工作。登记相关的明细账。

⑤基本生产车间：基本生产车间95人（其中管理人员8人），生产涤棉平布。

⑥辅助生产车间：机修车间7人，负责维修全公司的机器、设备。

（9）生产组织与工艺流程。

生产组织：企业设置一个基本生产车间，生产涤棉平布；一个辅助车间，机修车间为基本生产车间及管理部门提供修理服务。生产组织示意如图2-1所示。

**图2-1　生产组织示意**

工艺流程：涤棉平布的生产全部由基本生产车间完成，其主要工序为整经、浆纱、穿筘、织布、整理，完成产成品——涤棉平布。生产工艺流程如图2-2所示。

**图2-2　生产工艺流程**

（10）财务相关资料。

①开户银行及账号。

开户银行：（基本户）石家庄工商银行友谊支行。

账号：0018-0015-××××。

②银行预留印鉴，如图2-3所示。

图 2-3　银行预留印鉴

③税务登记号：440122312560623。

④企业代码：635987705。

⑤公司会计主管（复核）：张佳珍。制单：李立明。记账：苏洋。出纳：王金华。

## 二、企业生产与核算定额资料

本月公司产品计划投产量如表 2-1 所示。

表 2-1　　　　　　　　　本月公司产品计划投产量　　　　　　　　　　单位：米

| 产品名称 | 涤棉平布 |
|---|---|
| 计划投产量 | 632 000 |

原材料及工时消耗定额如表 2-2 所示。

表 2-2　　　　　　　　　原材料及工时消耗定额

| 材料名称 | | 涤棉 45 支纱 | PVA 浆料 | 产品工时定额 |
|---|---|---|---|---|
| 期初库存材料单价 | | 20 元/千克 | 14 元/千克 | |
| 产品消耗定额 | 涤棉平布（幅宽 1.6 米） | 0.15 千克/米 | 0.011 千克/米 | 0.114 小时/米 |

## 三、企业主要客户及供应商

（1）公司主要为以下厂家提供产品：

①北京尚华印染厂；

②山东环宇印染有限公司；

③无锡兴隆印染厂；

④石家庄常山印染股份有限公司；

⑤衡水神州印染厂。

（2）公司主要原料供应商：

①石家庄明珠纺纱厂（提供纱线）；

②山东森达纺织有限公司（提供纱线）；

③河南豫北纺纱厂（提供纱线）；

④上海东方化工有限公司（提供浆料）。

（3）公司主要设备供应商：锦州纺织机械有限公司（提供纺织设备）。

客户及供应商结算相关资料如表2-3所示。

表2-3 客户及供应商结算相关资料

| 客户及供应商名称 | 税号 | 开户银行 | 银行账号 | 地址 | 电话 |
|---|---|---|---|---|---|
| 北京尚华印染厂 | 010338795874839 | 北京市工行亦庄办 | 01-4588-018 | 北京市东风路23号 | 010-8636××× |
| 山东环宇印染有限公司 | 669867589403345 | 济南市工行裕华办 | 66-3311-112 | 济南将军路36号 | 0531-5887××× |
| 无锡兴隆印染厂 | 477755849302234 | 无锡市工行富强办 | 47-4938-997 | 无锡红星路3号 | 0510-6282××× |
| 石家庄常山印染股份有限公司 | 216667876855643 | 石家庄市工行建华办 | 21-2256-101 | 石家庄建华大街81号 | 0311-8365××× |
| 衡水神州印染厂 | 653333456271210 | 衡水市工行翟营办 | 65-1021-118 | 衡水市人民路18号 | 0318-6053××× |
| 石家庄明珠纺纱厂 | 519988796192341 | 石家庄工行丰收办 | 51-3256-158 | 石家庄丰收路27号 | 0311-5820××× |
| 河南豫北纺纱厂 | 255678989809890 | 安阳市工行中华办 | 25-2402-117 | 安阳中华街6号 | 0372-5926××× |
| 山东森达纺织有限公司 | 234567891234567 | 济南市工行槐中办 | 12-8425-331 | 济南泉城路67号 | 0531-7893××× |
| 锦州纺织机械有限公司 | 687754288981688 | 工行锦州市支行 | 68-3466-423 | 锦州市解放路89号 | 0416-6657××× |
| 上海东方化工有限公司 | 588992325069854 | 上海工行大华办 | 58-8425-531 | 上海市北京路6号 | 021-6983××× |

# 任务二　熟悉实训企业会计核算要求

## 一、企业会计核算原则

根据《中华人民共和国会计法》《企业财务通则》《企业会计准则》，结合本公司实际，组织公司的财务管理活动和会计核算并提供信息。

## 二、会计核算程序

本公司采用科目汇总表会计核算形式。其核算程序如图2-4所示。

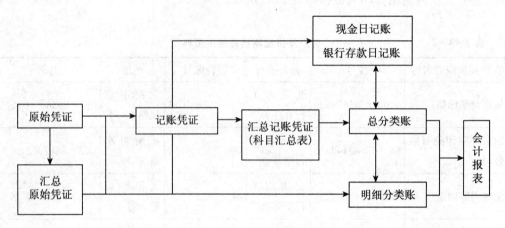

图2-4 会计核算程序

## 三、会计核算制度与方法

### (一) 本公司采用借贷记账法

依据《企业会计制度》使用规范的会计科目名称和编号，设置总分类账、现金日记账、银行存款日记账，以及各种成术费用账、物资管理明细账等记录归纳公司的会计信息。

### (二) 存货收发核算

(1) 原材料收发采用实际成本计价核算：

①根据材料入库凭证，逐笔编制记账凭证，进行材料的购入核算。采购材料的运杂费用直接计入采购成本（增值税进项税额按增值税发票抵扣）。

②平时材料发出按移动加权平均法计算材料发出单价（小数四舍五入，保留两位），并填制领料单的发料金额，再据此编制记账凭证，进行材料发出的核算。

(2) 周转材料收发采用实际成本核算，发出材料成本采用先进先出法计算，并采用一次摊销法摊销。

(3) 库存商品收发采用实际成本核算：

①月末根据平时"产品完工入库单"记录，汇总编制"库存商品入库汇总表"，并根据产品成本核算要求计算结转完工产品成本。

②月末根据平时商品销售出库的记录，汇总编制"主营业务成本计算表"，采用加

权平均法计算并结转产品销售成本。

（4）存货明细账（原材料、周转材料、库存商品）平时应根据存货的收发凭证，逐笔进行原材料、周转材料、库存商品的收发存数量核算。

### （三）成本费用核算

公司设置"生产成本"总分类科目，下设"基本生产成本""辅助生产成本"明细科目。

（1）基本生产成本：

①产品成本核算采用品种法，按产品品种设置成本明细账。

②成本项目共设"直接材料""直接人工""制造费用"三项专栏，外购生产用动力费用（生产产品耗用水、电）并入"直接材料"项目。

（2）辅助生产成本：

①辅助生产车间发生的各种直接费用和间接费用，直接在"生产成本——辅助生产成本"科目中归集，其间接费用不通过"制造费用"科目归集。

②按辅助生产车间设多栏式明细账。

③辅助生产费用的分配采用直接分配法，月末将辅助生产车间的费用直接分配给辅助生产车间以外的各受益部门。

④辅助生产费用分配标准：修理工时。

（3）制造费用：

①按基本生产车间设多栏式明细账。

②基本生产车间本月只生产一种产品，月末直接将制造费用转入该产品成本。

（4）公司所用水电全部外购，月末分车间、部门统计水耗（立方米）、电耗（度数）并按照耗用量分配水费和电费。

（5）期末完工产品与在产品成本计算采用约当产量法。直接材料费分配期末在产品按投料程度70％计算约当产量，各项加工费分配期末在产品按完工程度50％计算约当产量。

（6）公司采用计时工资制度，每月按工资总额（工资表的前两项之和）计提由单位负担的各项保险金和住房公积金，其中医疗保险8％（个人负担2％）、养老保险费20％（个人负担8％）、失业保险2％（个人负担1％）、住房公积金12％（个人负担7％），并按工资总额的2％计提工会经费，1.5％提取职工教育经费。

### （四）固定资产及无形资产核算

（1）固定资产分为房屋及建筑物、机器设备、运输设备、办公设备四类，均采用平均年限法（综合）计算折旧，每月15日计提固定资产折旧。

（2）月末摊销无形资产的价值。

### （五）税负核算

（1）增值税率17%（一般纳税人）。涉及营改增内容按新税制计算。

（2）营业税（税率依据不同应税项目而定）。

（3）城市维护建设税率7%。

（4）教育费附加率3%。

（5）所得税税率25%。按季预交，年末汇算清缴。

（6）每月5日交纳各种税款。

### （六）其他

（1）月末组织资产清查盘点工作并就财产清查的结果进行相应的账务处理。

（2）月末按企业实现的利润计算本月应交的所得税。

（3）公司账务处理程序采用科目汇总表核算组织程序，每月按上旬（1～10日）、中旬（11～20日）、下旬（21～31日）定期汇总，据以登记总分类账。

（4）记账凭证采用通用记账凭证格式，按顺序编号，每月分别自001开始连续编号；记账凭证装订按月装订。

（5）费用分配时所有分配率均保留四位小数（0.0001）。

会计科目表，如表2-4所示。

表2-4　　　　　　　　　　　　会计科目表

| 顺序号 | 编号 | 科目名称 | 顺序号 | 编号 | 科目名称 |
|---|---|---|---|---|---|
| | | 一、资产类 | 12 | 1401 | 材料采购 |
| 1 | 1001 | 库存现金 | 13 | 1402 | 在途物资 |
| 2 | 1002 | 银行存款 | 14 | 1403 | 原材料 |
| 3 | 1012 | 其他货币资金 | 15 | 1404 | 材料成本差异 |
| 4 | 1101 | 交易性金融资产 | 16 | 1405 | 库存商品 |
| 5 | 1121 | 应收票据 | 17 | 1406 | 发出商品 |
| 6 | 1122 | 应收账款 | 18 | 1407 | 商品进销差价 |
| 7 | 1123 | 预付账款 | 19 | 1408 | 委托加工物资 |
| 8 | 1131 | 应收股利 | 20 | 1411 | 周转材料（也可单独设"包装物""低值易耗品"） |
| 9 | 1132 | 应收利息 | 21 | 1471 | 存货跌价准备 |
| 10 | 1221 | 其他应收款 | 22 | 1501 | 持有至到期投资 |
| 11 | 1231 | 坏账准备 | 23 | 1502 | 持有至到期投资减值准备 |

| 顺序号 | 编号 | 科目名称 | 顺序号 | 编号 | 科目名称 |
|---|---|---|---|---|---|
| 24 | 1503 | 可供出售金融资产 | 53 | 2501 | 长期借款 |
| 25 | 1511 | 长期股权投资 | 54 | 2502 | 应付债券 |
| 26 | 1512 | 长期股权投资减值准备 | 55 | 2701 | 长期应付款 |
| 27 | 1521 | 投资性房地产 | 56 | 2702 | 未确认融资费用 |
| 28 | 1531 | 长期应收款 | 57 | 2711 | 专项应付款 |
| 29 | 1532 | 未实现融资收益 | 58 | 2801 | 预计负债 |
| 30 | 1601 | 固定资产 | 59 | 2901 | 递延所得税负债 |
| 31 | 1602 | 累计折旧 | | | 三、共同类（略） |
| 32 | 1603 | 固定资产减值准备 | | | 四、所有者权益类 |
| 33 | 1604 | 在建工程 | 60 | 4001 | 实收资本（股本） |
| 34 | 1605 | 工程物资 | 61 | 4002 | 资本公积 |
| 35 | 1606 | 固定资产清理 | 62 | 4101 | 盈余公积 |
| 36 | 1701 | 无形资产 | 63 | 4103 | 本年利润 |
| 37 | 1702 | 累计摊销 | 64 | 4104 | 利润分配 |
| 38 | 1703 | 无形资产减值准备 | 65 | 4201 | 库存股 |
| 39 | 1711 | 商誉 | | | 五、成本类 |
| 40 | 1801 | 长期待摊费用 | 66 | 5001 | 生产成本 |
| 41 | 1811 | 递延所得税资产 | 67 | 5101 | 制造费用 |
| 42 | 1901 | 待处理财产损溢 | 68 | 5201 | 劳务成本 |
| | | 二、负债类 | 69 | 5301 | 研发支出 |
| 43 | 2001 | 短期借款 | | | 六、损益类 |
| 44 | 2201 | 应付票据 | 70 | 6001 | 主营业务收入 |
| 45 | 2202 | 应付账款 | 71 | 6051 | 其他业务收入 |
| 46 | 2203 | 预收账款 | 72 | 6101 | 公允价值变动损益 |
| 47 | 2211 | 应付职工薪酬 | 73 | 6111 | 投资收益 |
| 48 | 2221 | 应交税费 | 74 | 6301 | 营业外收入 |
| 49 | 2231 | 应付利息 | 75 | 6401 | 主营业务成本 |
| 50 | 2232 | 应付股利 | 76 | 6402 | 其他业务成本 |
| 51 | 2241 | 其他应付款 | 77 | 6403 | 营业税金及附加 |
| 52 | 2401 | 递延收益 | 78 | 6601 | 销售费用 |

| 顺序号 | 编号 | 科目名称 | 顺序号 | 编号 | 科目名称 |
|---|---|---|---|---|---|
| 79 | 6602 | 管理费用 | 82 | 6711 | 营业外支出 |
| 80 | 6603 | 财务费用 | 83 | 6801 | 所得税费用 |
| 81 | 6701 | 资产减值损失 | 84 | 6901 | 以前年度损益调整 |

# 任务三　1月期初建账

## 一、期初建账说明

### (一) 购买账簿

本企业适用《企业会计准则》。应设置的账簿有：

(1) 现金日记账：一般企业只设 1 本现金日记账。

(2) 银行存款日记账：一般应根据每个银行账号单独设立 1 本账。如果企业只有 1 个基本账户，则就设 1 本银行存款日记账。

现金日记账和银行存款日记账均应使用订本账。根据实训情况可以购买专门的订本账，或者用三栏式活页账代替。

(3) 总分类账：一般企业只设 1 本总分类账。外形使用订本账，根据单位业务量大小可以选择购买 100 页或 200 页的。本实训使用 100 页的即可。这 1 本总分类账包含企业所设置的全部账户的总括信息。

(4) 明细分类账：明细分类账要使用活页式的，所以不能直接买到现成的。存货类的明细账要用数量金额式的账页；收入、费用、成本类的明细账要用多栏式的账页；应交增值税的明细账有专门的账页；其他的基本全用三栏式账页。因此，我们要分别购买这 4 种账页，根据所需每种格式，账页大概页数分别取部分出来，外加明细账封皮及经管人员一览表，再以鞋带系上即可。

本数的多少根据单位业务量等情况而不同。业务简单且很少的企业可以把所有的明细账户的账页放在 1 本明细账上；业务多的企业可根据需要分别就资产、权益、损益类分 3 本明细账；也可以按三栏式、多栏式、数量金额式等账页格式分别 3 本明细账；还可以单独就存货、往来各设 1 本……无固定情况，完全视企业管理需要来设。

另外，有些大公司固定资产明细账用卡片账。一般小公司都是和其他资产类合在一起。

（二）填制账簿内容

（1）封皮，总账封皮固定印制，明细账封皮要注明明细账名称。

（2）扉页，或使用登记表，明细账中称经管人员一览表。

①单位或使用者名称，即会计主体名称，与公章内容一致。

②印鉴，即单位公章。

③使用账簿页数，在本年度结束（12月31日）据实填写。

④经管人员，相关人员盖个人名章。另外，记账人员更换时，应在交接记录中填写交接人员姓名、经管及交出时间和监交人员职务、姓名。

⑤粘贴印花税票并画双横线，除实收资本、资本公积按万分之五贴花，其他账簿均按5元每本贴花。

另外，如果明细账分若干本的话，还需在经管人员一览表中填列账簿名称。

（3）账户目录。总分类账外形采用订本式，印刷时已事先在每页的左上角或右上角印好页码。但由于所有账户均须在一本总账上体现，故应给每个账户预先留好页码。如"库存现金"用第1、2页，"银行存款"用第3、第4、第5、第6页，根据单位具体情况设置。并要把科目名称、科目编码及其页次填在账户目录中。本书实训由于采用科目汇总表会计核算程序，每月总账登记固定行数，共登记3个月，因此，每账户一张账页即可，不必预留账页。但为了各类别账户连续设置，每一类账户设置完毕，应预留相应的账页，以备再出现该类账户时登记不连续（如资产类账户设置完毕，再为资产类账户预留出几张账页）。

明细分类账由于采用活页式账页，在年底归档前可以增减账页，故不用非常严格的预留账页。账户目录可以在年底归档时再填写。

现金或银行存款日记账各自登记在一本上，故不存在预留账页的情况。

（4）账页。

①现金和银行存款日记账由于是专门的订本式账簿，不用对账页特别设置。直接在账页第一行登记期初余额。"日期"栏内，写上年份，月、日栏写上"1月1日"或空着；"摘要"栏内写上"上年结转"或"期初余额"或"年初余额"字样；将现金实有数或上年年末银行存款日记账余额数填在"余额"栏内。

②总账账页。按资产、负债、所有者权益、成本、收入、费用的顺序把所需会计科目名称写在左上角或右上角的横线上，或直接加盖科目章。并且一定要与会计科目目录所标明会计科目的页码一致。然后登记期初余额，方法与日记账相同，只是比日记账多一项余额方向的列示，即在余额列前要表明"借"或"贷"字。

③明细账账页。按资产、负债、所有者权益、成本、收入、费用的顺序把所需会计科目名称写在左（右）上角或中间的横线上，或直接加盖科目章，包括根据企业具体情况分别设置的明细科目名称。另外，对于成本、收入、费用类明细账还需以多栏式分项目列示，如"管理费用"借方要分成：办公费、交通费、电话费、水电费、工资等项列

示，具体的是按企业管理需要，即费用的分析项目列示，每个企业可以不相同。

另外，为了查找、登记方便，在设置明细账账页时，每一账户的第一张账页外侧粘贴口取纸，并且各个账户错开粘贴。口取纸上要写出会计科目名称。一般只写一级科目。也可将资产、负债、所有者权益、收入、费用按红、蓝不同颜色区分开。

有期初余额的明细账登记期初余额的方法与总账相同。

## 二、总账及明细账期初资料

（1）石家庄仁华纺织有限公司 2013 年 12 月 31 日总分类账户及其所属明细分类账户期初余额如表 2-5 所示。

表 2-5　　　　　　　总分类账户及其所属明细分类账户期初余额

2013 年 12 月 31 日

| 编号 | 总账 | 明细账户及其格式 | 借或贷 | | 总账余额 | 明细账余额 | 备注 |
|------|------|------------------|--------|---|----------|------------|------|
| 1001 | 库存现金 | | R | 借 | 5 818 | 5 818 | |
| 1002 | 银行存款 | 基本存款账户 | R | 借 | 758 300 | 758 300 | |
| 1012 | 其他货币资金 | | | 借 | 46 500 | | |
| 100903 | | 银行汇票存款 | A | 借 | | 40 000 | |
| 100905 | | 信用卡存款 | A | 借 | | 6 500 | |
| 1101 | 交易性金融资产 | 股票投资 | A | 借 | 200 000 | 200 000 | 深发展 10 000 股 |
| 1121 | 应收票据 | 无锡兴隆印染厂 | A | 借 | 100 000 | 100 000 | |
| 1122 | 应收账款 | | | 借 | 495 600 | | |
| | | 北京尚华印染厂 | A | 借 | | 160 000 | |
| | | 山东环宇印染有限公司 | A | 借 | | 215 600 | |
| | | 衡水神州印染厂 | A | 借 | | 120 000 | |
| 1123 | 预付账款 | | | 借 | 4 200 | | |
| | | 财产保险费 | A | 借 | | 3 000 | |
| | | 报刊杂志费 | A | 借 | | 1 200 | |
| 1231 | 坏账准备 | | A | 贷 | 2 478 | 2 478 | |
| 1221 | 其他应收款 | 陈明 | A | 借 | 1 000 | 1 000 | 借支差旅费 |
| 1402 | 在途物资 | | | 借 | 115 000 | | |
| | | 涤棉 45 支纱 | C | | | 115 000 | 5 000 千克×23 元 |
| 1403 | 原材料 | 见表 2-6 | B | 借 | 747 400 | | |
| 1411 | 周转材料 | 见表 2-6 | B | 借 | 9 100 | | |

| 编号 | 总账 | 明细账户及其格式 | | 借或贷 | 总账余额 | 明细账余额 | 备注 |
|---|---|---|---|---|---|---|---|
| 1405 | 库存商品 | 见表2-6 | B | 借 | 1 260 000 | | |
| 1511 | 长期股权投资 | 金华公司 | A | 借 | 500 000 | | |
| 1601 | 固定资产 | 见表2-8 | | 借 | 4 073 000 | | |
| 1602 | 累计折旧 | | | 贷 | 535 440 | | |
| 1701 | 无形资产 | 非专利技术 | A | 借 | 90 000 | 90 000 | |
| 1702 | 累计摊销 | 非专利技术 | A | 贷 | 12 000 | 12 000 | |
| | 资产合计 | | | | 7 856 000 | | |
| 2001 | 短期借款 | 流动资金借款 | A | 贷 | 500 000 | 500 000 | 月率0.6%，3月期 |
| 2201 | 应付票据 | 河南豫北纺纱厂 | A | | 100 000 | 100 000 | |
| 2202 | 应付账款 | | | | 350 000 | | |
| 220201 | | 山东森达纺织有限公司 | A | 贷 | | 200 000 | |
| 220202 | | 河南豫北纺纱厂 | A | 贷 | | 150 000 | |
| 2211 | 应付职工薪酬 | | A | 贷 | 619 988 | | |
| 221101 | | 工资 | A | 贷 | | 423 200 | |
| 221103 | | 养老保险 | A | 贷 | | 84 640 | |
| | | 医疗保险 | A | 贷 | | 33 856 | |
| 221104 | | 住房公积金 | A | 贷 | | 63 480 | |
| 221105 | | 工会经费 | A | 贷 | | 8 464 | |
| 221106 | | 职工教育经费 | A | 贷 | | 6 348 | |
| 2221 | 应交税费 | | | 贷 | 263 742 | | |
| 222101 | | 应交增值税 | C | 贷 | | 86 000 | |
| 222105 | | 应交所得税 | A | 贷 | | 164 860 | |
| 222107 | | 应交个人所得税 | A | 贷 | | 4 282 | |
| 222111 | | 应交城市维护建设税 | A | 贷 | | 6 020 | |
| 222112 | | 应交教育费附加 | A | 贷 | | 2 580 | |
| 2231 | 应付利息 | 短期借款利息 | A | 贷 | 3 000 | 3 000 | |
| 2232 | 应付股利 | | | | 15 000 | | |
| 2241 | 其他应付款 | 临时工押金 | A | | 1 270 | 1 270 | |

| 编号 | 总账 | 明细账户及其格式 | 借或贷 | 总账余额 | 明细账余额 | 备注 |
|---|---|---|---|---|---|---|
| | 长期借款 | 固定资产借款 | A | 700 000 | 700 000 | |
| | | 负债合计 | | | 2 553 000 | |
| 4001 | 实收资本 | | | | 5 000 000 | |
| 400101 | | 河北大华纺织集团 | A | 贷 | | 3 000 000 |
| 400102 | | 李连贵 | A | 贷 | | 2 000 000 |
| 4101 | 盈余公积 | | | 贷 | 50 000 | |
| 410101 | | 法定盈余公积 | A | 贷 | | 40 000 |
| 410102 | | 任意盈余公积 | A | 贷 | | 10 000 |
| 4104 | 利润分配 | | | 贷 | 285 000 | |
| 410406 | | 未分配利润 | A | 贷 | | 285 000 |
| | | 所有者权益 | | | 5 335 000 | |
| 5001 | 生产成本 | 基本生产成本 | | | 32 000 | |
| 500101 | | 涤棉平布 | C | | | 32 000 |

注：R表示日记账、A表示三栏式明细账、B表示数量余额明细账、C表示多栏式明细账，表中没有的科目可根据业务需要添加。

（2）存货各明细账余额如表2-6所示。

表2-6　　　　　　　　　　　存货各明细账余额

| 总分类账户 | 二级账户 | 明细账户 | 编码 | 格式 | 数量 | 单价 | 金额 |
|---|---|---|---|---|---|---|---|
| 原材料 | 主要材料 | 涤棉45支纱 | 001 | B | 36 000 千克 | 20.00 | 720 000 |
| | | 浆料 | 002 | B | 1 500 千克 | 14.00 | 21 000 |
| | 辅助材料 | 机油 | 011 | B | 60 千克 | 13.00 | 780 |
| | | 黄油 | 012 | B | 30 千克 | 10.00 | 300 |
| | 备品备件 | 剑杆头 | 031 | B | 90 把 | 28.00 | 2 520 |
| | | 25zz 轴承 | 032 | B | 200 个 | 9.00 | 1 800 |
| | | 剑带 | 033 | B | 50 条 | 20.00 | 1 000 |
| | | 小　计 | | | | | 747 400 |
| 周转材料 | 低值易耗品 | 工作服 | 101 | B | 50 套 | 120.00 | 6 000 |
| | | 维修工具 | 102 | B | 30 | 50.00 | 1 500 |
| | | 文件柜 | 103 | B | 2 | 800.00 | 1 600 |
| | | 小　计 | | | | | 9 100 |
| 库存商品 | | 涤棉平布 | 201 | B | 300 000 米 | 4.20 | 1 260 000 |

（3）基本生产成本明细账余额如表2－7所示。

表2－7 基本生产成本明细账余额

| 成本核算对象 ＼ 成本项目 | 直接材料 | 直接人工 | 制造费用 | 合计 |
|---|---|---|---|---|
| 涤棉平布 | 20 160 | 8 710 | 3 130 | 32 000 |

（4）固定资产所属明细分类账余额如表2－8所示。

表2－8 固定资产所属明细分类账余额

| 固定资产类别 | 明细账户 | | | | 原始价值 | 累计折旧 | 使用年限 | 净残值率 |
|---|---|---|---|---|---|---|---|---|
| | 使用部门 | 品名 | 单位 | 数量 | | | | |
| 房屋及建筑物 | 基本生产车间 | 车间厂房 | 栋 | 1 | 1 200 000 | 115 200 | 30 | 4% |
| | 机修车间 | 辅楼 | 栋 | 1 | 130 000 | 10 082 | 30 | 4% |
| | 公司总部 | 行政办公楼 | 栋 | 1 | 1 100 000 | 105 600 | 30 | 4% |
| | 销售科 | 销售门市 | 栋 | 1 | 170 000 | 10 880 | 30 | 4% |
| | 小　计 | | | | 2 600 000 | 241 762 | | |
| 机器设备 | 基本生产车间 | 剑杆织机 | 台 | 100 | 1120 000 | 212 800 | 10 | 5% |
| | 机修车间 | 车床 | 台 | 1 | 20 000 | 3 800 | 10 | 5% |
| | 小　计 | | | | 1140 000 | 216 600 | | |
| 办公设备 | 基本生产车间 | 联想电脑 | 台 | 2 | 12 000 | 2 328 | 5 | 3% |
| | 机修车间 | 华硕电脑 | 台 | 1 | 5 000 | 970 | 5 | 3% |
| | 公司总部 | 复印机 | 台 | 1 | 24 000 | 5 880 | 8 | 2% |
| | | 戴尔电脑 | 台 | 6 | 42 000 | 16 296 | 5 | 3% |
| | | 四通打印机 | 台 | 4 | 8 000 | 4 618 | 5 | 1% |
| | 销售科 | 神舟电脑 | 台 | 1 | 5 000 | 1 940 | 5 | 3% |
| | | 佳能打印机 | 台 | 1 | 2 000 | 396 | 5 | 1% |
| | 小　计 | | | | 98 000 | 32 428 | | |
| 运输设备 | 公司总部 | 大众轿车 | 辆 | 1 | 175 000 | 33 250 | 10 | 5% |
| | 销售科 | 卡车 | 辆 | 1 | 60 000 | 11 400 | 10 | 5% |
| | 小　计 | | | | 235 000 | 44 650 | | |
| 合　计 | | | | | 4 073 000 | 535 440 | | |

（5）2014 年 1 月产品产量与加工进度如表 2-9 所示。

表 2-9              2014 年 1 月产品产量与加工进度            单位：米

| 产品名称 | 期初在产品数量 | 本月投产量 | 本月完工 | 期末在产品 | | |
| --- | --- | --- | --- | --- | --- | --- |
| | | | | 数量 | 投料程度 | 完工程度 |
| 涤棉平布 | 8 000 | 632 000 | 630 000 | 10 000 | 70% | 50% |

# 任务四    2014 年 1 月经济业务处理

## 一、石家庄仁华纺织有限公司 2014 年 1 月发生的经济业务

见附录一所附原始凭证。

## 二、经济业务账务处理要求

（1）审核检查相关业务的原始凭证，分析原始凭证所记载的经济业务的内容。

（2）根据审核后的原始凭证编制记账凭证，对不太熟悉的经济业务应先编制会计分录底稿，确认正确无误后方可在正式的记账凭证上填写，以节约实训材料，并养成良好的工作习惯。

（3）交换人员审核已填制的记账凭证。

（4）根据审核无误的记账凭证登记现金、银行存款日记账。

（5）根据审核无误的记账凭证登记相关明细分类账。

（6）按期编制科目汇总表。

（7）根据科目汇总表登记总分类账。

# 任务五    1 月期末结账

## 一、对账与结账

### （一）期末对账

月末结账前要进行对账，对账的内容主要包括账证核对，账账核对，账实核对。

（1）账实相符，是账簿记录与实物、款项实有数核对相符。保证账实相符，是会

计核算的基本要求。由于会计账簿记录是实物款项使用情况的价值量反映，实物款项的增减变化情况必须在会计账簿记录上如实记录、登记。因此，通过会计账簿记录的正确性，发现财产物资和现金管理中存在的问题，有利于查明原因、明确责任，有利于改进管理、提高效益，有利于保证会计资料真实、完整。

（2）账证相符，是会计账簿记录与会计凭证有关内容核对相符。保证账证相符，也是会计核算的基本要求。由于会计账簿记录是根据会计凭证等资料编制的，两者之间存在逻辑联系。因此，通过账证核对，可以检查、验证会计账簿和会计凭证的内容是否正确无误，以保证会计资料真实、完整。各单位应当定期将会计账簿记录与其相应的会计凭证（包括时间、编号、内容、金额、记账方向等）逐项核对，检查是否一致。如果发现有不一致之处，应当及时查明原因，并按照规定予以更正。

（3）账账相符，是会计账簿之间相对应记录核对相符。保证账账相符，同样是会计核算的基本要求。由于会计账簿之间，包括总账各账户之间、总账与明细账之间、总账与日记账之间、会计机构的财产物资明细账与保管部门、使用部门的有关财产物资明细账之间等相对应的记录存在着内在联系，通过定期核对，可以检查、验证会计账簿记录的正确性，便于发现问题，纠正错误，保证会计资料的真实、完整和准确无误。

本实训要求账证核对在日常记账中进行，账账核对通过编制"试算平衡表"和"总账与明细账余额对照表"进行核对。

（二）期末结账

（1）结账前，必须将本期内所发生的各项经济业务全部登记入账。

（2）结账时，应当结出每个账户的期末余额。需要结出当月发生额的，应当在摘要栏内注明"本月合计"字样，并在下面通栏画单红线。需要结出本年累计发生额的，应当在摘要栏内注明"本年累计"字样，并在下面通栏画单红线；12月末的"本年累计"就是全年累计发生额，全年累计发生额下应当通栏画双红线，年度终了结账时，所有总账账户都应当结出全年发生额和年末余额。

本实训只进行月末结账，损益类账户要求结计"本年累计"。

## 二、月末编制会计报表

按照国家统一的会计制度规定的编制基础、编制依据、编制原则和方法，做到内容完整、数字真实、计算准确、编报及时。会计报表之间、会计报表各项目之间，凡是有对应关系的数字，应当相互一致，会计报表中本期与上期的有关数字应当相互衔接。

本实训要求根据石家庄仁华纺织有限公司2014年1月有关账簿记录，编制2014年1月的资产负债表（如表2-10所示）、利润表（如表2-11所示）。

表 2 - 10                     资产负债表

会企 01 表

编制单位：               年    月    日                   单位：元

| 资产 | 年初数 | 期末数 | 负债及所有者权益 | 年初数 | 期末数 |
|---|---|---|---|---|---|
| 流动资产： | | | 流动负债： | | |
| 货币资金 | | | 短期借款 | | |
| 交易性金融资产 | | | 交易性金融负债 | | |
| 应收票据 | | | 应付票据 | | |
| 应收账款 | | | 应付账款 | | |
| 预付账款 | | | 预收账款 | | |
| 应收股利 | | | 应付职工薪酬 | | |
| 应收利息 | | | 应交税费 | | |
| 其他应收款 | | | 应付利息 | | |
| 存货 | | | 应付股利 | | |
| 一年内到期的非流动资产 | | | 其他应付款 | | |
| 其他流动资产 | | | 一年内到期的非流动负债 | | |
| 流动资产合计 | | | 其他流动负债 | | |
| 非流动资产： | | | 流动负债合计 | | |
| 可供出售金融资产 | | | 非流动负债： | | |
| 持有至到期投资 | | | 长期借款 | | |
| 长期应收款 | | | 应付债券 | | |
| 长期股权投资 | | | 长期应付款 | | |
| 投资性房地产 | | | 专项应付款 | | |
| 固定资产 | | | 预计负债 | | |
| 在建工程 | | | 递延所得税负债 | | |
| 工程物资 | | | 其他非流动负债 | | |
| 固定资产清理 | | | 非流动负债合计 | | |
| 生产性生物资产 | | | 负债合计 | | |
| 油气资产 | | | 所有者权益（或股东权益）： | | |
| 无形资产 | | | 实收资本（或股本） | | |
| 开发支出 | | | 资本公积 | | |
| 商誉 | | | 减：库存股 | | |
| 长期待摊费用 | | | 盈余公积 | | |

续　表

| 资产 | 年初数 | 期末数 | 负债及所有者权益 | 年初数 | 期末数 |
|---|---|---|---|---|---|
| 递延所得税资产 | | | 未分配利润 | | |
| 其他非流动性资产 | | | 所有者权益合计 | | |
| 非流动资产合计 | | | | | |
| 资产总计 | | | 负债及所有者权益总计 | | |

**表 2 - 11**　　　　　　　　　　**利润表**　　　　　　　　　会企 02 表

编制单位：　　　　　　　　　　　年　　月　　　　　　　　单位：元

| 项目 | 本期金额 | 上期金额 |
|---|---|---|
| 一、营业收入 | | |
| 减：营业成本 | | |
| 　营业税金及附加 | | |
| 　销售费用 | | |
| 　管理费用 | | |
| 　财务费用 | | |
| 　资产减值损失 | | |
| 加：公允价值变动收益（损失以"－"号填列） | | |
| 　投资收益（损失以"－"号填列） | | |
| 　其中：对联营企业和合营企业的投资收益 | | |
| 二、营业利润（亏损以"－"号填列） | | |
| 加：营业外收入 | | |
| 减：营业外支出 | | |
| 　其中：非流动资产处置损失 | | |
| 三、利润总额（亏损总额以"－"号填列） | | |
| 减：所得税费用 | | |
| 四、净利润（净亏损以"－"号填列） | | |
| 五、每股收益 | | |
| （一）基本每股收益 | | |
| （二）稀释每股收益 | | |

# 项目三 生产两种产品企业会计核算实训

 **知识目标** ▶▶

1. 了解实训企业的生产和核算要求的变化；
2. 掌握企业生产两种产品时成本核算方法。

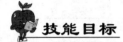 **技能目标**

1. 能在业务提示下编制记账凭证；
2. 学会独立登记各种明细账、总账；
3. 学会独立编制会计报表。

 **情感态度与价值观**

逐渐养成细心、认真的职业素养，认真对待所从事的会计工作。

## 任务一 了解实训企业2月生产发生的变化

### 一、生产变化

石家庄仁华纺织有限公司2014年1月产品生产较好，涤棉平布产量增加较快，考虑到市场需求情况，决定从2月开始减少涤棉平布的生产，经过市场调查，涤棉斜纹布销量较好，市场前景广阔，并且该产品与涤棉平布所使用的原材料相同，生产工艺也基本相同。所以从2月开始增加生产涤棉斜纹。

因此，2月公司共生产两种产品：涤棉平布、涤棉斜纹（如下图所示）。

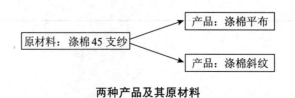

**两种产品及其原材料**

## 二、公司2月产品计划投产量

公司2月产品计划投产量如表3-1所示。

表3-1　　　　　　　　　　公司2月产品计划投产量　　　　　　　　　　单位：米

| 产品名称 | 涤棉平布 | 涤棉斜纹 |
| --- | --- | --- |
| 计划投产量 | 310 000 | 250 000 |

## 三、公司2月核算定额资料

原材料及工时消耗定额如表3-2所示。

表3-2　　　　　　　　　　原材料及工时消耗定额

| | 材料名称 | 涤棉45支纱 | PVA浆料 | 产品工时定额 |
| --- | --- | --- | --- | --- |
| 产品消耗定额 | 涤棉平布（幅宽1.6米） | 0.15 千克/米 | 0.011 千克/米 | 0.114 小时/米 |
| | 涤棉斜纹（幅宽1.6米） | 0.18 千克/米 | 0.013 千克/米 | 0.145 小时/米 |

# 任务二　熟悉实训企业会计核算要求的变化

## 一、存货收发核算变化

（1）原材料收发核算变化。材料发出的核算：两种产品共同领用原材料时按当期投产量定额消耗量比例在各种产品之间进行分配，填制分配表，并编制记账凭证。

（2）其他存货收发的核算均与1月相同。

## 二、成市费用核算变化

（1）公司成本费用的核算方法基本沿用1月的核算制度。

（2）由于公司本月生产两种产品，各项生产费用需要在两种产品之间进行分配，因此会计核算要求有如下变化。

①直接材料费：某一产品单独领用的原材料费用直接计入该产品的生产成本，几种产品共同领用的原材料费用按当期投产量定额消耗量之比例在各种产品之间进行分配；生产多种产品耗用的水、电费按完工产品定额工时比例分配后并入直接材料费。

②直接人工费：各种产品生产工人工资按本月完工产品定额工时比例进行分配。

③制造费用：基本生产车间生产多种产品，按当期完工产品的定额工时比例进行

分配。

其他方面会计核算要求与 1 月相同。

# 任务三　2月期初建账

## 一、建账要求

1 月的期末余额即 2 月的期初余额，根据 1 月期末结账资料作为 2 月期初余额，账簿连续登记，不必重新建立新账，即在 1 月期末结账红线下面直接登记 2 月的第一笔经济业务，连续登记即可。

## 二、公司2月产品产量与加工进度（如表3-3所示）

表 3-3　　　　　　　　　公司 2 月产品产量与加工进度　　　　　　　　　单位：米

| 产品名称 | 期初在产品数量 | 本月投产量 | 本月完工 | 期末在产品 | | |
| --- | --- | --- | --- | --- | --- | --- |
| | | | | 数量 | 投料程度 | 完工程度 |
| 涤棉平布 | 10 000 | 310 000 | 313 000 | 7 000 | 70％ | 50％ |
| 涤棉斜纹 | 0 | 250 000 | 245 000 | 5 000 | 70％ | 50％ |

# 任务四　2014年2月经济业务处理

## 一、石家庄仁华纺织有限公司2014年2月发生的经济业务

见附录二所附原始凭证。

## 二、经济业务账务处理要求

（1）审核检查相关业务的原始凭证，分析原始凭证所记载的经济业务的内容。

（2）根据审核后的原始凭证编制记账凭证，对不太熟悉的经济业务应先编制会计分录底稿，确认正确无误后方可在正式的记账凭证上填写，以节约实训材料，并养成良好的工作习惯。

（3）交换人员审核已填制的记账凭证。

（4）根据审核无误的记账凭证登记现金、银行存款日记账。

（5）根据审核无误的记账凭证登记相关明细分类账。

（6）按期编制科目汇总表。

（7）根据科目汇总表登记总分类账。

# 任务五　2月期末结账

## 一、对账与结账

月末结账前要进行对账工作，按要求对 2 月的会计记录通过编制"试算平衡表"和"总账与明细账余额对照表"进行对账工作，在保证账簿记录正确的前提下进行结账工作。

## 二、月末编制 2 月会计报表

本实训要求根据石家庄仁华纺织有限公司 2014 年 2 月有关账簿记录，编制 2014 年 2 月的资产负债表（如表 3 - 4 所示）、利润表（如表 3 - 5 所示）。

表 3 - 4　　　　　　　　　　资产负债表　　　　　　　　会企 01 表

编制单位：　　　　　　　　　　年　月　日　　　　　　　　单位：元

| 资产 | 年初数 | 期末数 | 负债及所有者权益 | 年初数 | 期末数 |
|---|---|---|---|---|---|
| 流动资产： | | | 流动负债： | | |
| 货币资金 | | | 短期借款 | | |
| 交易性金融资产 | | | 交易性金融负债 | | |
| 应收票据 | | | 应付票据 | | |
| 应收账款 | | | 应付账款 | | |
| 预付账款 | | | 预收账款 | | |
| 应收股利 | | | 应付职工薪酬 | | |
| 应收利息 | | | 应交税费 | | |
| 其他应收款 | | | 应付利息 | | |
| 存货 | | | 应付股利 | | |
| 一年内到期的非流动资产 | | | 其他应付款 | | |
| 其他流动资产 | | | 一年内到期的非流动负债 | | |
| 流动资产合计 | | | 其他流动负债 | | |
| 非流动资产： | | | 流动负债合计 | | |
| 可供出售金融资产 | | | 非流动负债： | | |

| 资产 | 年初数 | 期末数 | 负债及所有者权益 | 年初数 | 期末数 |
|---|---|---|---|---|---|
| 持有至到期投资 | | | 长期借款 | | |
| 长期应收款 | | | 应付债券 | | |
| 长期股权投资 | | | 长期应付款 | | |
| 投资性房地产 | | | 专项应付款 | | |
| 固定资产 | | | 预计负债 | | |
| 在建工程 | | | 递延所得税负债 | | |
| 工程物资 | | | 其他非流动负债 | | |
| 固定资产清理 | | | 非流动负债合计 | | |
| 生产性生物资产 | | | 负债合计 | | |
| 油气资产 | | | 所有者权益（或股东权益）： | | |
| 无形资产 | | | 实收资本（或股本） | | |
| 开发支出 | | | 资本公积 | | |
| 商誉 | | | 减：库存股 | | |
| 长期待摊费用 | | | 盈余公积 | | |
| 递延所得税资产 | | | 未分配利润 | | |
| 其他非流动性资产 | | | 所有者权益合计 | | |
| 非流动资产合计 | | | | | |
| 资产总计 | | | 负债及所有者权益总计 | | |

表 3-5　　　　　　　　　　　　**利润表**　　　　　　　　　　会企 02 表

编制单位：　　　　　　　　　　年　　月　　　　　　　　　单位：元

| 项目 | 本期金额 | 上期金额 |
|---|---|---|
| 一、营业收入 | | |
| 减：营业成本 | | |
| 营业税金及附加 | | |
| 销售费用 | | |
| 管理费用 | | |
| 财务费用 | | |
| 资产减值损失 | | |
| 加：公允价值变动收益（损失以"－"号填列） | | |
| 投资收益（损失以"－"号填列） | | |

| 项目 | 本期金额 | 上期金额 |
|---|---|---|
| 其中：对联营企业和合营企业的投资收益 | | |
| 二、营业利润（亏损以"－"号填列） | | |
| 加：营业外收入 | | |
| 减：营业外支出 | | |
| 其中：非流动资产处置损失 | | |
| 三、利润总额（亏损总额以"－"号填列） | | |
| 减：所得税费用 | | |
| 四、净利润（净亏损以"－"号填列） | | |
| 五、每股收益 | | |
| （一）基本每股收益 | | |
| （二）稀释每股收益 | | |

# 项目四 生产三种产品企业会计核算实训

 **知识目标** ▶▶

1. 了解实训企业的生产和核算要求的变化;
2. 掌握企业生产三种产品时成本核算方法。

**技能目标**

1. 能在无业务提示情况下编制记账凭证;
2. 能够独立登记各种明细账、总账;
3. 能够独立编制会计报表。

**情感态度与价值观**

逐渐养成细心、认真的职业素养,认真对待所从事的会计工作。

## 任务一 了解实训企业3月生产发生的变化

### 一、生产变化

石家庄仁华纺织有限公司 2014 年 2 月两种产品的生产基本稳定,涤棉平布和涤棉斜纹两种产品的市场销量也比较平稳,但通过市场反馈的消息,目前消费者对纯棉布料更加青睐,市场前景更加广阔,考虑到市场需求情况,决定从 3 月开始增加生产纯棉布料,经过市场调查,纯棉纱卡市场需求较好,所以从 3 月开始生产纯棉纱卡。因此,公司 3 月生产三种产品:涤棉平布、涤棉斜纹、纯棉纱卡(如下图所示)。

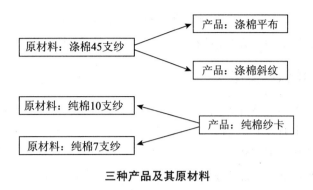

**三种产品及其原材料**

## 二、公司3月产品计划投产量（如表4-1所示）

表4-1　　　　　　　　　　公司3月产品计划投产量　　　　　　　　单位：米

| 产品名称 | 涤棉平布 | 涤棉斜纹 | 纯棉纱卡 |
|---|---|---|---|
| 计划投产量 | 217 000 | 200 000 | 411 000 |

## 三、公司3月核算定额资料

原材料及工时消耗定额如表4-2所示。

表4-2　　　　　　　　　　原材料及工时消耗定额

| 材料名称 | | 涤棉45支纱 | PVA浆料 | 纯棉10支纱 | 纯棉7支纱 | 产品工时定额 |
|---|---|---|---|---|---|---|
| 产品消耗定额 | 涤棉平布（幅宽1.6米） | 0.15千克/米 | 0.011千克/米 | | | 0.114小时/米 |
| | 涤棉斜纹（幅宽1.6米） | 0.18千克/米 | 0.013千克/米 | | | 0.145小时/米 |
| | 纯棉纱卡（幅宽1.6米） | | 0.025千克/米 | 0.2千克/米 | 0.16千克/米 | 0.053小时/米 |

# 任务二　熟悉实训企业会计核算要求变化

## 一、存货收发核算

（1）原材料收发核算变化。采购材料的运杂费用直接计入采购成本，不能直接计入的按所采购材料的重量比例分配计入各自材料的采购成本。

（2）其他存货收发的核算均沿用1月、2月会计核算制度。

## 二、成本费用核算变化

（1）公司成本费用的核算方法基本沿用1月、2月的会计核算制度。

（2）由于公司本月生产三种产品，各项生产费用需要在三种产品之间进行分配，因此会计核算要求有如下变化：

①直接材料费：某一产品单独领用的原材料费用直接计入该产品的生产成本，几种产品共同领用的原材料费用按当期投产量定额消耗量之比例在各种产品之间进行分配，一种产品领用多种材料的按实际领用计入成本；

②直接人工费：产品生产工人工资按定额工时比例进行分配；

③制造费用：基本生产车间生产多种产品，按产品当期投入的定额工时比例进行分配。

其他方面会计核算要求沿用1月、2月会计核算制度。

# 任务三　3月期初建账

## 一、建账要求

2月的期末余额即3月的期初余额，根据2月期末结账资料作为3月期初余额，账簿连续登记，不必重新建立新账，即在2月期末结账红线下面直接登记3月的第一笔经济业务，注意账簿的连续登记。

## 二、公司3月产品产量与加工进度（如表4-3所示）

表4-3　　　　　　　公司3月产品产量与加工进度　　　　　　　单位：米

| 产品名称 | 期初在产品数量 | 本月投产量 | 本月完工 | 期末在产品 | | |
|---|---|---|---|---|---|---|
| | | | | 数量 | 投料程度 | 完工程度 |
| 涤棉平布 | 7 000 | 217 000 | 215 600 | 8 400 | 70% | 50% |
| 涤棉斜纹 | 5 000 | 200 000 | 198 000 | 7 000 | 70% | 50% |
| 纯棉纱卡 | 0 | 411 000 | 402 000 | 9 000 | 70% | 50% |

# 任务四　2014年3月经济业务处理

## 一、石家庄仁华纺织有限公司2014年3月发生的经济业务

见附录三所附原始凭证。

## 二、经济业务账务处理要求

（1）审核检查相关业务的原始凭证，分析原始凭证所记载的经济业务的内容。

（2）根据审核后的原始凭证编制记账凭证，对不太熟悉的经济业务应先编制会计分录底稿，确认正确无误后方可在正式的记账凭证上填写，以节约实训材料，并养成良好的工作习惯。

（3）交换人员审核已填制的记账凭证。

（4）根据审核无误的记账凭证登记现金、银行存款日记账。

（5）根据审核无误的记账凭证登记相关明细分类账。

（6）按期编制科目汇总表。

（7）根据科目汇总表登记总分类账。

# 任务五　3月期末结账

## 一、对账与结账

月末结账前要进行对账工作，按要求对3月的会计记录通过编制"试算平衡表"和"总账与明细账余额对照表"进行对账工作，在保证账簿记录正确的前提下进行结账工作。

## 二、月末编制3月会计报表

本实训要求根据石家庄仁华纺织有限公司2014年3月有关账簿记录，编制2014年3月的资产负债表（如表4-4所示）、利润表（如表4-5所示）。

表 4-4 资产负债表 会企 01 表

编制单位： 年 月 日 单位：元

| 资产 | 年初数 | 期末数 | 负债及所有者权益 | 年初数 | 期末数 |
|------|--------|--------|------------------|--------|--------|
| 流动资产： | | | 流动负债： | | |
| 货币资金 | | | 短期借款 | | |
| 交易性金融资产 | | | 交易性金融负债 | | |
| 应收票据 | | | 应付票据 | | |
| 应收账款 | | | 应付账款 | | |
| 预付账款 | | | 预收账款 | | |
| 应收股利 | | | 应付职工薪酬 | | |
| 应收利息 | | | 应交税费 | | |
| 其他应收款 | | | 应付利息 | | |
| 存货 | | | 应付股利 | | |
| 一年内到期的非流动资产 | | | 其他应付款 | | |
| 其他流动资产 | | | 一年内到期的非流动负债 | | |
| 流动资产合计 | | | 其他流动负债 | | |
| 非流动资产： | | | 流动负债合计 | | |
| 可供出售金融资产 | | | 非流动负债： | | |
| 持有至到期投资 | | | 长期借款 | | |
| 长期应收款 | | | 应付债券 | | |
| 长期股权投资 | | | 长期应付款 | | |
| 投资性房地产 | | | 专项应付款 | | |
| 固定资产 | | | 预计负债 | | |
| 在建工程 | | | 递延所得税负债 | | |
| 工程物资 | | | 其他非流动负债 | | |
| 固定资产清理 | | | 非流动负债合计 | | |
| 生产性生物资产 | | | 负债合计 | | |
| 油气资产 | | | 所有者权益（或股东权益）： | | |
| 无形资产 | | | 实收资本（或股本） | | |
| 开发支出 | | | 资本公积 | | |
| 商誉 | | | 减：库存股 | | |
| 长期待摊费用 | | | 盈余公积 | | |
| 递延所得税资产 | | | 未分配利润 | | |
| 其他非流动性资产 | | | 所有者权益合计 | | |
| 非流动资产合计 | | | | | |
| 资产总计 | | | 负债及所有者权益总计 | | |

**表 4 - 5**　　　　　　　　　　　　　　**利润表**　　　　　　　　　　　会企 02 表

编制单位：　　　　　　　　　　　年　　月　　　　　　　　　　　　　单位：元

| 项目 | 本期金额 | 上期金额 |
|---|---|---|
| 一、营业收入 | | |
| 　减：营业成本 | | |
| 　　　营业税金及附加 | | |
| 　　　销售费用 | | |
| 　　　管理费用 | | |
| 　　　财务费用 | | |
| 　　　资产减值损失 | | |
| 　加：公允价值变动收益（损失以"－"号填列） | | |
| 　　　投资收益（损失以"－"号填列） | | |
| 　　　其中：对联营企业和合营企业的投资收益 | | |
| 二、营业利润（亏损以"－"号填列） | | |
| 　加：营业外收入 | | |
| 　减：营业外支出 | | |
| 　　　其中：非流动资产处置损失 | | |
| 三、利润总额（亏损总额以"－"号填列） | | |
| 　减：所得税费用 | | |
| 四、净利润（净亏损以"－"号填列） | | |
| 五、每股收益 | | |
| （一）基本每股收益 | | |
| （二）稀释每股收益 | | |

# 参考文献

[1] 周兴荣，宋绍清．会计实务模拟——综合篇［M］．北京：科学出版社，2007．

[2] 黄莉．企业会计岗位实训［M］．北京：科学出版社，2011．

[3] 隋英杰，毛剑芬，张海君．会计模拟实验教程［M］．上海：立信会计出版社，2012．

[4] 李建华．会计基础模拟实训［M］．北京：科学出版社，2009．

# 附录一　1月经济业务原始凭证

1.1月2日，借入短期借款800 000元。

附表1-1-1　　　　　　中国工商银行　借款凭证（回单）

单位编号：　　　　　　　　　日期：2014年1月2日　　　　　　　　银行编号：0110

<table>
<tr><td rowspan="3">借款人</td><td>名称</td><td>石家庄仁华纺织有限公司</td><td rowspan="3">收款人</td><td>名称</td><td colspan="10">石家庄仁华纺织有限公司</td></tr>
<tr><td>账号</td><td>0018-0015-8687</td><td>往来账号</td><td colspan="10">145685088096002</td></tr>
<tr><td>开户银行</td><td>工商银行石家庄友谊支行</td><td>开户银行</td><td colspan="10">工商银行石家庄友谊支行</td></tr>
<tr><td colspan="2">借款期限<br>（最后还款日）</td><td colspan="2">2014年7月2日</td><td colspan="2">借款计划指标</td><td></td><td></td><td></td><td></td><td></td><td></td><td></td><td></td><td></td></tr>
<tr><td colspan="2" rowspan="2">借款申请金额</td><td colspan="2" rowspan="2">人民币（大写）捌拾万元整</td><td colspan="2" rowspan="2"></td><td>千</td><td>百</td><td>十</td><td>万</td><td>千</td><td>百</td><td>十</td><td>元</td><td>角</td><td>分</td></tr>
<tr><td></td><td>¥</td><td>8</td><td>0</td><td>0</td><td>0</td><td>0</td><td>0</td><td>0</td><td>0</td></tr>
<tr><td colspan="2" rowspan="2">借款原因及用途</td><td colspan="2" rowspan="2">生产经营周转用</td><td colspan="2" rowspan="2">银行核对金额</td><td>千</td><td>百</td><td>十</td><td>万</td><td>千</td><td>百</td><td>十</td><td>元</td><td>角</td><td>分</td></tr>
<tr><td></td><td>¥</td><td>8</td><td>0</td><td>0</td><td>0</td><td>0</td><td>0</td><td>0</td><td>0</td></tr>
<tr><td>期限</td><td>计划还款日期</td><td>√</td><td>计划还款金额</td><td rowspan="3">分次还款记录</td><td>期次</td><td colspan="3">还款日期</td><td colspan="3">还款金额</td><td colspan="3">结欠</td></tr>
<tr><td></td><td></td><td></td><td></td><td></td><td colspan="3"></td><td colspan="3"></td><td colspan="3"></td></tr>
<tr><td></td><td></td><td></td><td></td><td></td><td colspan="3"></td><td colspan="3"></td><td colspan="3"></td></tr>
<tr><td colspan="4">备注：月利率6.5‰，期限6个月<br><br>中国工商银行<br>石家庄友谊支行<br>2014.01.02<br>转讫</td><td colspan="11">上述借款业已同意贷给并转入你单位往来账户借款<br>到期时应按期归还　此致<br>借款单位<br><br>中国工商银行石家庄友谊支行<br>核算专用章<br><br>（银行盖章）　　2014年1月2日</td></tr>
</table>

2. 1月3日，生产领用45支纱20 000千克，浆料1 400千克。

**附表1-2-1** 　　　　　　　　　　　　　**领料单**

领用单位：生产车间　　　　　　2014年1月3日　　　　　　　凭证编号：001

用　　途：生产涤棉平布　　　　　　　　　　　　　　　　发料仓库：1号

| 材料编号 | 材料名称 | 规　格 | 计量单位 | 数量 | | 单价 | 金额 |
| --- | --- | --- | --- | --- | --- | --- | --- |
| | | | | 请领 | 实发 | | |
| 001 | 涤棉绵纱 | 45支 | 千克 | 20 000 | 20 000 | | |
| 002 | PVA浆料 | | 千克 | 1 400 | 1 400 | | |
| | | | | | | | |
| 合　计 | | | | | | | |
| 备　注 | | | | | | 附单据　张 | |

领料人：张兵　　　　发料人：冯磊　　　　领料部门负责人：赵小刚

3. 1月4日，从石家庄明珠纺纱厂购入45支纱45 000千克，单价19元，价税合计1 000 350元，转账支票支付。

**附表1-3-1** 　　　　　　　　河北省增值税专用发票　　　　　No.07330231

1300121140　　　　　　　　　　　　　　　　　　开票日期：2014年1月4日

| 购货单位 | 名　称：石家庄仁华纺织有限公司 | | | | 密码区 | 略 | | |
| --- | --- | --- | --- | --- | --- | --- | --- | --- |
| | 纳税人识别号：440122312560623 | | | | | | | |
| | 地址、电话：友谊大街181号 0311-83636336 | | | | | | | |
| | 开户行及账号：工行友谊支行 0018-0015-8687 | | | | | | | |
| 货物及应税劳务名称 | 规格型号 | 单位 | 数量 | 单价 | 金额 | 税率 | 税额 | |
| 涤棉45支纱 | | 千克 | 45000 | 19.00 | 855000.00 | 17% | 145350.00 | |
| 合　计 | | | | | ¥855000.00 | | ¥145350.00 | |
| 价税合计（大写）⊗壹佰万零叁佰伍拾元整　　（小写）¥1000350.00 | | | | | | | | |
| 销货单位 | 名　称：石家庄明珠纺纱厂 | | | | 备注 | | | |
| | 纳税人识别号：5199887961923 41 | | | | | | | |
| | 地址、电话：石市丰收路27号 0311-53208897 | | | | | | | |
| | 开户行及账号：工行丰收办 051-3256-158 | | | | | | | |

收款人：　　　复核：　　　开票人：李梅　　　销货单位（章）：

附表 1-3-2　　　　河北省增值税专用发票　　　　No. 07330231

1300121140　　　　　　　　　　　　　　开票日期：2014 年 1 月 4 日

| 购货单位 | 名　　称：石家庄仁华纺织有限公司 |
| | 纳税人识别号：440122312560623 |
| | 地址、电话：友谊大街 181 号 0311-83636336 |
| | 开户行及账号：工行友谊支行 0018-0015-8687 |

密码区　　　略

| 货物及应税劳务名称 | 规格型号 | 单位 | 数量 | 单价 | 金额 | 税率 | 税额 |
| --- | --- | --- | --- | --- | --- | --- | --- |
| 涤棉 45 支纱 | | 千克 | 45000 | 19.00 | 855000.00 | 17% | 145350.00 |
| 合　计 | | | | | ￥855000.00 | | ￥145350.00 |

| 价税合计（大写） | ⊗壹佰万零叁佰伍拾元整　　　　（小写）￥1000350.00 |

| 销货单位 | 名　　称：石家庄明珠纺纱厂 |
| | 纳税人识别号：519988796192341 |
| | 地址、电话：丰收路 27 号 0311-58208897 |
| | 开户行及账号：工行丰收办 051-3256-158 |

备注　发票专用章　税号：519988796192341

收款人：　　　复核：　　　开票人：李梅　　　销货单位（章）：

第三联　抵扣联　购货方扣税凭证

附表 1-3-3　　　　　　　转账支票存根

中国工商银行

转账支票存根

支票号码：01447366

附加信息：＿＿＿＿＿＿＿＿＿

＿＿＿＿＿＿＿＿＿＿＿＿＿

出票日期：2014 年 01 月 04 日

| 收款人：石家庄明珠纺纱厂 |
| 金　额：￥1000350.00 |
| 用　途：支付购货款 |

单位主管：　　会计：苏洋

附表 1-3-4

**收料单**

2014 年 1 月 4 日

N o.045301

| 供货单位：石家庄明珠纺织厂 | | | | | | | | 实 际 成 本 | | | | | | | | | | |
|---|---|---|---|---|---|---|---|---|---|---|---|---|---|---|---|---|---|---|
| 编号 | 材料名称 | 规格 | 送验数量 | 实收数量 | 单位 | 单价 | 运杂费 | 金额 | | | | | | | | | | |
| | | | | | | | | 千 | 百 | 十 | 万 | 千 | 百 | 十 | 元 | 角 | 分 | |
| 001 | 涤棉纱 | 45 支 | 45 000 | 45 000 | 千克 | 19.00 | | | 8 | 5 | 5 | 0 | 0 | 0 | 0 | 0 | 0 | |
| | | | | | | | | | | | | | | | | | | |
| 合　计 | | | | | | | | ¥ | 8 | 5 | 5 | 0 | 0 | 0 | 0 | 0 | 0 | |
| 实际单位成本：19.00 | | | | | | | | 附单据 3 张 | | | | | | | | | | |

主管：　　　会计：　　　保管：冯磊　　　复核：　　　验收：张志强

第三联 给财务科

4.1 月 5 日，缴纳上月增值税 86 000 元，企业所得税 164 860 元，个人所得税 4 282 元，城建税 6 020 元，教育费附加 2 580 元。

附表 1-4-1

**中华人民共和国**
**增值税税收缴款书**

填发日期：2014 年 1 月 5 日　　　收入机关：石家庄税务局

| 缴款单位 | 代码 | 440122312560623 | | 预算科目 | 款项 | 增值税 | | | | | | | | |
|---|---|---|---|---|---|---|---|---|---|---|---|---|---|---|
| | 全称 | 石家庄仁华纺织有限公司 | | | 级次 | 市级 | | | | | | | | |
| | 开户银行 | 工商银行友谊支行 | | | 收款国库 | 中心支库 | | | | | | | | |
| | 账号 | 0018-0015-8687 | | | | | | | | | | | | |
| 税款所属时期 2013 年 12 月 1 日 | | | | 税款限缴日期 2013 年 12 月 31 日 | | | | | | | | | | |
| 品目名称 | 课税数量 | 计税金额或销售收入 | 税率或单位税额 | 已缴或扣除额 | 实缴金额 | | | | | | | | | |
| | | | | | 百 | 十 | 万 | 千 | 百 | 十 | 元 | 角 | 分 | |
| 增值税 | | 505880 | 17% | | | 8 | 6 | 0 | 0 | 0 | 0 | 0 | 0 | |
| | | | | | | | | | | | | | | |
| 金额大写　人民币（大写）×佰×拾捌万陆仟零佰零拾零元零角零分 | | | | | | ¥ 8 0 0 0 0 0 0 | | | | | | | | |

中国工商银行
石家庄友谊支行
2014.01.05
转讫

上列款项已收妥并划转收款单位账户
国库（银行）

缴款单位
财务专用章
（盖章）

税务机关
税务专用章
（盖章）

盖章 2014 年 1 月 5 日

附表 1-4-2

中华人民共和国
所得税税收缴款书

填发日期：2014 年 1 月 5 日　　　收入机关：石家庄税务局

| 缴款单位 | 代码 | 440122312560623 | | | 预算科目 | 款项 | | 企业所得税 | | | | | | |
|---|---|---|---|---|---|---|---|---|---|---|---|---|---|---|
| | 全称 | 石家庄仁华纺织有限公司 | | | | 级次 | | 市级 | | | | | | |
| | 开户银行 | 工商银行友谊支行 | | | | 收款国库 | | 中心支库 | | | | | | |
| | 账号 | 0018-0015-8687 | | | | | | | | | | | | |

| 税款所属时期 2013 年 12 月 1 日 | | | | 税款限缴日期 2013 年 12 月 31 日 | | | | | | | | | |
|---|---|---|---|---|---|---|---|---|---|---|---|---|---|
| 项目 | 计税所得额 | 税率 | 所得税额 | 已缴或扣除额 | 实缴金额 | | | | | | | | |
| | | | | | 百 | 十 | 万 | 千 | 百 | 十 | 元 | 角 | 分 |
| 所得税 | 659440 | 25% | 164860 | | | 1 | 6 | 4 | 8 | 6 | 0 | 0 | 0 |
| | | | | | | | | | | | | | |
| | | | | | | | | | | | | | |

金额大写　　人民币（大写）×仟×佰壹拾陆万肆仟捌佰陆拾零元零角零分　　¥164860000

中国工商银行
石家庄友谊支行
2014.01.05
转讫

上列款项已收妥并划转收款单位账户
国库（银行）

盖章 2014 年 1 月 5 日

缴款单位
（盖章）
财务专用章
石家庄仁华纺织有限公司

税务机关
（盖章）
税务专用章
石家庄市地方税务局

附表 1－4－3

**中华人民共和国**
**个人所得税税收缴款书**

填发日期：2014 年 1 月 5 日          收入机关：石家庄税务局

| 缴款单位 | 代码 | 440122312560623 | | | 预算科目 | 款项 | | 个人所得税 | | | | | |
|---|---|---|---|---|---|---|---|---|---|---|---|---|---|
| | 全称 | 石家庄仁华纺织有限公司 | | | | 级次 | | 市级 | | | | | |
| | 开户银行 | 工商银行友谊支行 | | | | 收款国库 | | 中心支库 | | | | | |
| | 账号 | 0018－0015－8687 | | | | | | | | | | | |

| 税款所属时期 2013 年 12 月 1 日 | | | | 税款限缴日期 2013 年 12 月 31 日 | | | | | | | | | |
|---|---|---|---|---|---|---|---|---|---|---|---|---|---|

| 品目名称 | 课税数量 | 计税金额 | 税率 | 已缴或扣除额 | 实缴金额 | | | | | | | | |
|---|---|---|---|---|---|---|---|---|---|---|---|---|---|
| | | | | | 百 | 十 | 万 | 千 | 百 | 十 | 元 | 角 | 分 |
| 个人所得税 | | | | | | | 4 | 2 | 8 | 2 | 0 | 0 |
| | | | | | | | | | | | | | |
| | | | | | | | | | | | | | |

合计

金额（大写）  人民币（大写）×仟×佰×拾×万肆仟贰佰捌拾贰元零角零分    ￥4 2 8 2 0 0

缴款单位（盖章）

财务专用章
缴款单位
（盖章）

税务专用章
税务机关
（盖章）

中国工商银行
石家庄友谊支行
2014.01.05
转讫

上列款项已收妥并划转收款单位账户
国库（银行）

盖章 2014 年 1 月 5 日

附表 1-4-4

中华人民共和国
税收（城市维护建设税专用）缴款书

填发日期：2014 年 1 月 5 日　　　　收入机关：石家庄税务局

| 缴款单位 | 代码 | 440122312560623 | 预算科目 | 款项 | 城建税 | | | | | | | | |
|---|---|---|---|---|---|---|---|---|---|---|---|---|---|
| | 全称 | 石家庄仁华纺织有限公司 | | 级次 | 市级 | | | | | | | | |
| | 开户银行 | 工商银行友谊支行 | | 收款国库 | 中心支库 | | | | | | | | |
| | 账号 | 0018-0015-8687 | | | | | | | | | | | |

| 税款所属时期 2013 年 12 月 1 日 | | | 税款限缴日期 2013 年 12 月 31 日 | | | | | | | | |

| 计征金额 | | 征收比例 | 实缴金额 | | | | | | | |
|---|---|---|---|---|---|---|---|---|---|---|
| 项目名称 | 计征金额 | | 百 | 十 | 万 | 千 | 百 | 十 | 元 | 角 | 分 |
| 增值税 | 86000 | 7% | | | | 6 | 0 | 2 | 0 | 0 | 0 |
| 消费税 | | | | | | | | | | | |
| 营业税 | | | | | | | | | | | |
| 合 计 | 86000 | | | | ¥ | 6 | 0 | 2 | 0 | 0 | 0 |

金额大写 人民币（大写）×任×佰×拾×万陆仟零佰贰拾零元零角零分

中国工商银行
石家庄友谊支行
上列款项已收妥并划转收款单位账户
2014.01.05
国库（银行）
转讫
盖章 2014 年 1 月 5 日

缴款单位财务专用章（盖章）

石家庄地方税务局
税务专用章（盖章）

附表 1－4－5

中华人民共和国
税收（教育费附加专用）缴款书

填发日期：2014 年 1 月 5 日　　　　　收入机关：石家庄税务局

| 缴款单位 | 代码 | 440122312560623 | 预算科目 | 款项 | 教育费附加 |
| --- | --- | --- | --- | --- | --- |
| | 全称 | 石家庄仁华纺织有限公司 | | 级次 | 市级 |
| | 开户银行 | 工商银行友谊支行 | | 收款国库 | 中心支库 |
| | 账号 | 0018－0015－8687 | | | |

| 税款所属时期 2013 年 12 月 1 日 | 税款限缴日期 2013 年 12 月 31 日 |
| --- | --- |

| 计征金额 | | | 实缴金额 | | | | | | | | |
| --- | --- | --- | --- | --- | --- | --- | --- | --- | --- | --- | --- |
| 项目名称 | 计征金额 | 征收比例 | 百 | 十 | 万 | 千 | 百 | 十 | 元 | 角 | 分 |
| 增值税 | 86000 | 3% | | | | 2 | 5 | 8 | 0 | 0 | 0 |
| 消费税 | | | | | | | | | | | |
| 营业税 | | | | | | | | | | | |
| 合　计 | 86000 | | | | ￥ | 2 | 5 | 8 | 0 | 0 | 0 |

金额人民币（大写）×仟×佰×拾×万贰仟伍佰捌拾零元零角零分

（缴款单位财务专用章盖章）　（税务专用章盖章）

中国工商银行
石家庄友谊支行
上列款项已由妥开划转收款单位账户
国库（银行）
2014.01.05
转讫

盖章 2014 年 1 月 5 日

5.1 月 5 日，开出现金支票提取现金 2 000 元备用。

附表 1－5－1　　　　　　　　　现金支票存根

中国工商银行
现金支票存根

支票号码：02147311
附加信息：＿＿＿＿＿＿
＿＿＿＿＿＿＿＿＿＿
＿＿＿＿＿＿＿＿＿＿
出票日期：2014 年 01 月 05 日
收款人：石家庄仁华纺织有限公司
金　额：￥2000.00
用　途：备用金
单位主管：　　会计：苏洋

6.1月5日，办公室张乐出差借款3 000元，支付现金。

**附表1-6-1**                 **借款借据**

借款日期：2014年1月5日

| 借款部门 | 办公室 | 借款理由 | 预借差旅费 | |
|---|---|---|---|---|
| 借款金额（大写）叁仟元整 | | | ￥3000.00 | 借款人留存 |
| 部门领导意见：同意 | 现金付讫 | 借款人签章：张乐 | | |
| 备注： | | | | |

7.1月6日，从上海东方化工厂购入浆料2 300千克，单价14.50元，价税合计39 019.50元，对方代垫运费共888元，款项银行汇票支付，余款180.50元已收到。

**附表1-7-1**

3100122140

上海市增值税专用发票

全国统一发票监制
发 票 联
上 海
国家税务总局监制

No.17330232

开票日期：2014年1月5日

| 购货单位 | 名　　称：石家庄仁华纺织有限公司 纳税人识别号：440122312560623 地　址、电话：友谊大街181号 0311-83636336 开户行及账号：工行友谊支行 0018-0015-8687 | | 密码区 | | | 略 | | |
|---|---|---|---|---|---|---|---|---|
| 货物及应税劳务名称 | 规格型号 | 单位 | 数量 | 单价 | 金额 | 税率 | 税额 |
| PVA浆料 | | 千克 | 2300 | 14.50 | 33350.00 | 17% | 5669.50 |
| 合　计 | | | | | ￥33350.00 | | ￥5669.50 |
| 价税合计（大写） | ⊗叁万玖仟零壹拾玖元伍角整 | | | | （小写）￥39019.50 | | |
| 销货单位 | 名　　称：上海东方化工有限公司 纳税人识别号：588992325069854 地　址、电话：上海市北京路6号 021-69833352 开户行及账号：上海工行大华办 58-8425-531 | | 备 | | 发票专用章 税号：588992325069854 | | |

上海东方化工有限公司
发票专用章

收款人：　　　复核：　　　开票人：李立明　　　销货单位（章）：

第二联 发票联 购货方记账凭证

**附表1-7-2**

上海市增值税专用发票　　No.17330232

3100122140

开票日期：2014 年 1 月 5 日

全国统一发票监制章
抵　扣　联
上　海
国家税务总局监制

| 购货单位 | 名　　称：石家庄仁华纺织有限公司 | | | | | | |
|---|---|---|---|---|---|---|---|
| | 纳税人识别号：440122312560623 | | | | | | |
| | 地址、电话：友谊大街181号 0311-83636336 | | | | | | |
| | 开户行及账号：工行友谊支行 0018-0015-8687 | | | | | | |

密码区　略

| 货物及应税劳务名称 | 规格型号 | 单位 | 数量 | 单价 | 金额 | 税率 | 税额 |
|---|---|---|---|---|---|---|---|
| PVA 浆料 | | 千克 | 2300 | 14.50 | 33350.00 | 17％ | 5669.50 |
| 合　计 | | | | | ￥33350.00 | | ￥5669.50 |

| 价税合计（大写） | ⊗叁万玖仟零壹拾玖元伍角整 | （小写）￥39019.50 |
|---|---|---|

| 销货单位 | 名　　称：上海东方化工有限公司 |
|---|---|
| | 纳税人识别号：588992325069854 |
| | 地址、电话：上海市北京路6号 021-69833352 |
| | 开户行及账号：上海工行大华办 58-8425-581 |

备

上海东方化工有限公司
发票专用章
税号：588992325069854

收款人：　　　复核：　　　开票人：李立明　　　销货单位（章）：

第三联　抵扣联　购货方扣税凭证

---

**附表1-7-3**

货物运输业增值税专用发票　　No. 87652322

3100122142

开票日期：2014 年 1 月 6 日

全国统一发票监制章
发票联
上海
国家税务总局监制

| 承运人及纳税人识别号 | 上海阳达运输公司 255678989801232 | | 密码区　略 |
|---|---|---|---|
| 实际受票方及纳税人识别号 | 石家庄仁华纺织有限公司 440122312560623 | | |
| 收货人及纳税人识别号 | 石家庄仁华纺织有限公司 440122312560623 | 发货人及纳税人识别号 | 上海东方化工有限公司 588992325069854 |

| 起运地、经由、到达地 | 上海 — 河北石家庄 | | 运输货物信息　浆料 |
|---|---|---|---|

| 费用项目及金额 | 费用项目 | 金额 | 费用项目 | 金额 | |
|---|---|---|---|---|---|
| | 运费 | 800.00 | | | |

| 合计金额 | ￥800.00 | 税率 | 11％ | 税额 | 88.00 | 机器编号 |
|---|---|---|---|---|---|---|
| 价税合计（大写） | 捌佰捌拾捌元整 | | | （小写）￥888.00 | | |
| 车种车号 | 汽车 | 车船吨位 | | | | |
| 主管税务机关及代码 | 上海国家税务局 871233220 | | 税号：255678989801232 | | | |

上海阳达运输公司
发票专用章
备

收款人：　　　复核人：　　　开票人：王娜　　　承运人：（章）

第二联　发票联　受票方记账凭证

附表1-7-4

货物运输业增值税专用发票　　No.87652322

3100122142

全国统一发票监制章
抵 扣 联
上 海
国家税务总局监制

开票日期：2014 年 1 月 6 日

第三联 抵扣联 受票方扣税凭证

| 承运人及 | 上海阳达运输公司 | | |
| 纳税人识别号 | 255678989801232 | 密码区 | 略 |
| 实际受票方及 | 石家庄仁华纺织有限公司 | | |
| 纳税人识别号 | 440122312560623 | | |
| 收货人及 | 石家庄仁华纺织有限公司 | 发货人及 | 上海东方化工有限公司 |
| 纳税人识别号 | 440122312560623 | 纳税人识别号 | 588992325069854 |
| 起运地、经由、到达地 | | 上海 — 河北石家庄 | |

| 费用项目及金额 | 费用项目 | 金额 | 费用项目 | 金额 | 运输货物信息 | 浆料 |
| | 运费 | 800.00 | | | | |

| 合计金额 | ￥800.00 | 税率 | 11% | 税额 | 88.00 | 出器编号 |
| 价税合计（大写） | 捌佰捌拾捌元整 | | | （小写）￥888.00 | | |
| 车种车号 | 汽车 | 车船吨位 | | 发票专用章 | | |
| 主管税务机关及代码 | 上海国家税务局 871233220 | | | 备注 税号：255678989801232 | | |

上海阳达运输公司

收款人：　　复核人：　　开票人：王娜　　承运人：（章）

附表1-7-5

中国工商银行

银 行 汇 票（多余款收账通知）　　4

10200042
20088059

提示付款期限自出票之日起壹个月

| 出票日期（大写） | 贰零壹叁年壹拾贰月贰拾捌日 | 代理付款行：上海工行大华办　行号：1680 | | | | | | | | | | |
| 收款人：石家庄仁华纺织有限公司 | | | | | | | | | | | | |
| 出票金额 | 人民币（大写）　肆万元整 | | | | | | | | | | | |
| 实际结算金额人民币（大写）叁万玖仟玖佰零柒元伍角整 | | 千 | 百 | 十 | 万 | 千 | 百 | 十 | 元 | 角 | 分 |
| | | | | | ￥3 | 9 | 9 | 0 | 7 | 5 | 0 |

申请人：石家庄仁华纺织有限公司
出票行：上海工行大华办
行　号：2368
备　注：

出票行签章

2014年1月6日

账号：58-8425-531

密押：

中国工商银行
石家庄友谊支行
2014.01.06
转讫

左列退回多余款金额已收入你账户内。

此联出票行结清多余款后交申请人

| 多余金额 | | | | | | | | |
| 千 | 百 | 十 | 万 | 千 | 百 | 十 | 元 | 角 | 分 |
| | | | | ￥9 | 2 | 5 | 0 |

附表 1 - 7 - 6

**收料单**

2014 年 1 月 6 日

N o. 045302

| 供货单位：上海东方化工有限公司 | | | | | | | | 实际成本 | | | | | | | | | |
|---|---|---|---|---|---|---|---|---|---|---|---|---|---|---|---|---|---|
| 编号 | 材料名称 | 规格 | 送验数量 | 实收数量 | 单位 | 单价 | 运杂费 | 金额 | | | | | | | | | |
| | | | | | | | | 千 | 百 | 十 | 万 | 千 | 百 | 十 | 元 | 角 | 分 |
| 001 | PVA 浆料 | | 2 300 | 2 300 | 千克 | 14.50 | 800 | | | | 3 | 4 | 1 | 5 | 0 | 0 | 0 |
| | | | | | | | | | | | | | | | | | |
| | | | | | | | | | | | | | | | | | |
| 合　计 | | | | | | | | | | ¥ | 3 | 4 | 1 | 5 | 0 | 0 | 0 |
| 实际单位成本：¥14.85 | | | | | | | | 附单据 2 张 | | | | | | | | | |

主管：　　　会计：　　　保管：冯磊　　　复核：　　　验收：张志强

第三联　给财务科

8.1 月 7 日，机修车间领用维修工具 5 套，单价 50 元；基本生产车间领用设备易损件：轴承 100 个，单价 9 元；剑杆头 50 把，单价 28 元。

附表 1 - 8 - 1

**领料单**

领用单位：机修车间　　　　2014 年 1 月 7 日　　　　凭证编号：003

用　　途：维修用　　　　　　　　　　　　　　　　发料仓库：1 号

| 材料编号 | 材料名称 | 规格 | 计量单位 | 数量 | | 单价 | 金额 |
|---|---|---|---|---|---|---|---|
| | | | | 请领 | 实发 | | |
| 022 | 维修工具 | | 套 | 5 | 5 | 50 | 250 |
| | | | | | | | |
| | | | | | | | |
| 合　计 | | | | | | | ¥250.00 |
| 备　注 | | | | | | | 附单据　张 |

领料人：李丽　　　　发料人：冯磊　　　　领料部门负责人：马兰

第三联　给财务科

附表 1-8-2　　　　　　　　　　　**领料单**

领用单位：基本生产车间　　　　　2014 年 1 月 7 日　　　　　　　凭证编号：004

用　　途：一般耗用　　　　　　　　　　　　　　　　　　　　发料仓库：1 号

| 材料编号 | 材料名称 | 规格 | 计量单位 | 数量 | | 单价 | 金额 |
| --- | --- | --- | --- | --- | --- | --- | --- |
| | | | | 请领 | 实发 | | |
| 007 | 轴承 | 25zz | 个 | 100 | 100 | | |
| 008 | 剑杆头 | | 把 | 50 | 50 | | |
| | | | | | | | |
| 合　计 | | | | | | | |
| 备　注 | | | | | | 附单据　张 | |

领料人：孙浩　　　　　发料人：冯磊　　　　　领料部门负责人：刘亚

9.1 月 8 日，基本生产车间陈明报销差旅费 800 元，余款 200 元退回现金。

附表 1-9-1　　　　　　　　　　**差旅费报销单**

报销日期：2014 年 1 月 8 日

| 部门 | 生产车间 | 出差人 | 陈明 | 事由 | 技术交流 | | | | | |
| --- | --- | --- | --- | --- | --- | --- | --- | --- | --- | --- |
| 出差日期 | 起止地点 | 飞机 | 火车 | 汽车 | 市内交通费 | 住宿费 | 电话费 | 出差补助 | 合计 | 单据 |
| 2013.12.29 | 石家庄—北京 | | 43.50 | | 23 | 600 | | 90 | 756.50 | |
| 2014.12.31 | 北京—石家庄 | | 43.50 | | | | | | 43.50 | |
| | | | | | | | | | | |
| 合　计 | | | 87 | | 23 | 600 | | 90 | 800 | |
| 报销金额 | 人民币（大写）捌佰元整 | | ￥800.00 | | | | | | | |
| 原借款 | 1 000.00 | 报销额 | 800.00 | 应退还 | | 200.00 | 应找补 | | | |
| 财会审核意见 | 张佳珍 | 审批人意见 | 陈凯华 | | | | | | | |

第三联　给财务科

附表 1－9－2　　　　　　　**收款收据**

2014 年 1 月 8 日

| 缴款单位或个人 | 陈明 | | |
|---|---|---|---|
| 款项内容 | 差旅费多余款 | 收款方式 | 现金 |
| 人民币（大写） | 贰佰元整　　　　　¥200.00 | | |
| 收款单位盖章 | ★ 财务专用章　收款人盖章 | 王金华　注 | 现金收讫　本收据不得用于经营款项收入 |

第三联　记账联

主管：张佳珍　　会计：李立明　　出纳：王金华　　报销人：刘光

10.1 月 9 日，销售给石家庄常山印染股份有限公司涤棉平布 250 000 米，单价 6.10 元，价税合计 1 784 250 元，收到转账支票一张。

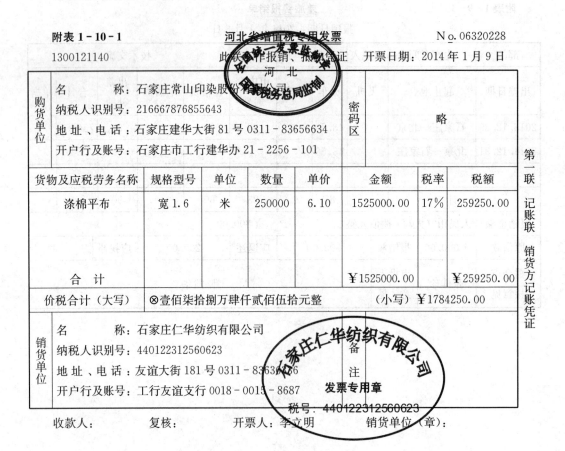

附表 1－10－1　　　　　　河北省增值税专用发票　　　　Ｎo.06320228

1300121140　　此联国作报销、报税凭证　　开票日期：2014 年 1 月 9 日

| 购货单位 | 名　称：石家庄常山印染股份有限公司 纳税人识别号：216667876855643 地址、电话：石家庄建华大街 81 号 0311－83656634 开户行及账号：石家庄市工行建华办 21－2256－101 | 密码区 | 略 |
|---|---|---|---|

| 货物及应税劳务名称 | 规格型号 | 单位 | 数量 | 单价 | 金额 | 税率 | 税额 |
|---|---|---|---|---|---|---|---|
| 涤棉平布 | 宽1.6 | 米 | 250000 | 6.10 | 1525000.00 | 17% | 259250.00 |
| 合　计 | | | | | ¥1525000.00 | | ¥259250.00 |

| 价税合计（大写） | ⊗壹佰柒拾捌万肆仟贰佰伍拾元整 | （小写）¥1784250.00 |
|---|---|---|

| 销货单位 | 名　称：石家庄仁华纺织有限公司 纳税人识别号：440122312560623 地址、电话：友谊大街 181 号 0311－83636766 开户行及账号：工行友谊支行 0018－0015－8687 | 备注 | 石家庄仁华纺织有限公司 发票专用章 税号：440122312560623 |
|---|---|---|---|

第一联　记账联　销货方记账凭证

收款人：　　复核：　　开票人：李立明　　销货单位（章）：

附表 1－10－2　　　　　　　　　**产品出库单**

2014 年 1 月 9 日　　　　　　　　　　　　第 11 号

| 类别 | 名称及规格 | 单位 | 数量 | | 单位成本 | 总成本 | | | | | | | | 附注 |
|---|---|---|---|---|---|---|---|---|---|---|---|---|---|---|
| | | | 请购 | 实发 | | 十 | 万 | 千 | 百 | 十 | 元 | 角 | 分 | |
| 主要产品 | 涤棉平布 | 米 | 250 000 | | 250 000 | | | | | | | | | |
| | | | | | | | | | | | | | | |
| | | | | | | | | | | | | | | |
| | | | | | | | | | | | | | | |
| 合　计 | | | | | | | | | | | | | | |

会计：　　　仓库主管：　　　保管：冯磊　　　经手：　　　制单：李全友

附表 1－10－3　　**中国工商银行　进账单（收账通知）**　　3

2014 年 1 月 9 日　　　　　　　　　　　　第 21 号

| 出票人 | 全称 | 石家庄常山印染股份有限公司 | 收款人 | 全称 | 石家庄仁华纺织有限公司 |
|---|---|---|---|---|---|
| | 账号 | 21－2256－101 | | 账号 | 0018－0015－8687 |
| | 开户银行 | 石家庄市工行建华办 | | 开户银行 | 石家庄工商银行友谊支行 |

| 人民币（大写）壹佰柒拾捌万肆仟贰佰伍拾元整 | 千 | 百 | 十 | 万 | 千 | 百 | 十 | 元 | 角 | 分 |
|---|---|---|---|---|---|---|---|---|---|---|
| | ¥ | 1 | 7 | 8 | 4 | 2 | 5 | 0 | 0 | 0 |

| 票据种类 | 转账支票 | 票据张数 | 1张 |
|---|---|---|---|
| 票据号码 | 10000342 | | |

中国工商银行
石家庄友谊支行
2014.01.09
转讫

复核：　　　记账：　　　　　　　　　　　　开户银行盖章

此联是收款人开户银行交持票人的收账通知

11.1 月 10 日，发放工资（工资结算汇总表上月应发 423 200 元，其中管理部门 112 100 元，销售部门 24 500 元，基本生产车间管理人员 28 800 元，生产工人 233 600 元，辅助生产车间 24 200 元）。

附表 1-11-1                          **工资结算汇总表**

2013 年 12 月 30 日

| 部门名称 | | 基本工资 | 各类奖金及补贴 | 应付工资 | 代扣款项 | | | | | 实发工资 |
|---|---|---|---|---|---|---|---|---|---|---|
| | | | | | 医疗保险 2% | 养老保险 8% | 失业保险 1% | 住房公积金 7% | 个人所得税 | |
| 基本生产车间 | 生产工人 | 231 100 | 2 500 | 233 600 | 4 672 | 18 688 | 2 336 | 16 352 | | 191 552 |
| | 车间管理人员 | 27 900 | 900 | 28 800 | 576 | 2 304 | 288 | 2 016 | | 23 616 |
| | 小 计 | 259 000 | 3 400 | 262 400 | 5 248 | 20 992 | 2 624 | 18 368 | | 215 168 |
| 辅助生产车间 | 机修车间 | 23 200 | 1 000 | 24 200 | 484 | 1 936 | 242 | 1 694 | | 19 844 |
| 行政管理部门 | | 110 300 | 1 800 | 112 100 | 2 242 | 8 968 | 1 121 | 7 847 | 1 000 | 90 922 |
| 销售部门 | | 23 600 | 900 | 24 500 | 490 | 1 960 | 245 | 1 715 | 300 | 19 790 |
| 合 计 | | 416 100 | 7 100 | 423 200 | 8 464 | 33 856 | 4 232 | 29 624 | 1 300 | 345 724 |

单位主管：陈凯华              审核：张斌              制表：陈芳香

附表 1-11-2                          **转账支票存根**

**中国工商银行**
转账支票存根
支票号码：01447367
附加信息：＿＿＿＿＿＿＿＿
＿＿＿＿＿＿＿＿＿＿＿＿＿＿＿
出票日期：2014 年 01 月 10 日
收款人：石家庄仁华纺织有限公司
金　额：￥333028.00
用　途：发放工资
单位主管：　　会计：苏洋

12.1月10日，产品入库200 000米。

**附表1-12-1**　　　　　　　　　　　**产品入库单**

缴库单位：基本生产车间　　　　2014年1月10日　　　　　　凭证编号：008

| 编号 | 名称 | 规格 | 计量单位 | 数量 | 单价 | 金额 |
|------|------|------|----------|------|------|------|
| 201 | 涤棉平布 | 宽1.6 | 米 | 200 000 | | |
| | | | | | | |
| | | | | | | |
| 合　计 | | | | 200 000 | | |

保管：冯磊　　　　　　　部门负责人：

13.1月10日，从上海东方化工厂购入浆料5 000千克，单价15元，价税合计87 750元，对方代垫运费税费合计1 665元，货款未付。

**附表1-13-1**　　　　　　上海增值税专用发票　　　　No. 07360246

3100122140　　　　　　　　发　票　联　　　　开票日期：2014年1月10日

| 购货单位 | 名　　称：石家庄仁华纺织有限公司 | | | 密码区 | | 略 | | |
|---|---|---|---|---|---|---|---|---|
| | 纳税人识别号：440122312560623 | | | | | | | |
| | 地址、电话：友谊大街181号 0311-83636336 | | | | | | | |
| | 开户行及账号：工行友谊支行 0018-0015-8687 | | | | | | | |

| 货物及应税劳务名称 | 规格型号 | 单位 | 数量 | 单价 | 金额 | 税率 | 税额 |
|---|---|---|---|---|---|---|---|
| PVA浆料 | | 千克 | 5000 | 15.00 | 75000.00 | 17% | 12750.00 |
| 合　计 | | | | | ￥75000.00 | | ￥12750.00 |

| 价税合计（大写） | ⊗捌万柒仟柒佰伍拾元整　　（小写）￥87750.00 |
|---|---|

| 销货单位 | 名　　称：上海东方化工有限公司 |
|---|---|
| | 纳税人识别号：588992325069854 |
| | 地址、电话：上海市北京路6号 021-69833352 |
| | 开户行及账号：上海工行大华办 58-8425-531 |

备：发票专用章　税号：588992325069854

收款人：　　　复核：　　　开票人：李长江　　　销货单位（章）：

附表 1-13-2

3100122140

上海增值税专用发票

抵 扣 联

N₀ 07360246

开票日期：2014 年 1 月 10 日

| 购货单位 | 名　　称：石家庄仁华纺织有限公司 | | | | | | 密码区 | | 略 |
|---|---|---|---|---|---|---|---|---|---|
| | 纳税人识别号：440122312560623 | | | | | | | | |
| | 地址、电话：友谊大街 181 号 0311-83636336 | | | | | | | | |
| | 开户行及账号：工行友谊支行 0018-0015-8687 | | | | | | | | |

| 货物及应税劳务名称 | 规格型号 | 单位 | 数量 | 单价 | 金额 | 税率 | 税额 |
|---|---|---|---|---|---|---|---|
| PVA 浆料 | | 千克 | 5000 | 15.00 | 75000.00 | 17% | 12750.00 |
| 合　计 | | | | | ￥75000.00 | | ￥12750.00 |

| 价税合计（大写） | ⊗捌万柒仟柒佰伍拾元整　　　　　（小写）￥87750.00 |
|---|---|

| 销货单位 | 名　　称：上海东方化工有限公司 | 备 |
|---|---|---|
| | 纳税人识别号：588992325069854 | 发票专用章 |
| | 地址、电话：上海市北京路 6 号 021-69833352 | |
| | 开户行及账号：上海工行大华办 58-8425-531 | 税号：588992325069854 |

收款人：　　　复核：　　　开票人：李长江　　　销货单位（章）：

第三联　抵扣联　购货方扣税凭证

附表 1-13-3

3100134142

货物运输业增值税专用发票

发 票 联

N₀ 87652327

开票日期：2014 年 1 月 10 日

| 承运人及纳税人识别号 | 上海阳达运输公司 | | | | | 密码区 | | 略 |
|---|---|---|---|---|---|---|---|---|
| | 255678989801232 | | | | | | | |
| 实际受票方及纳税人识别号 | 石家庄仁华纺织有限公司 | | | | | | | |
| | 440122312560623 | | | | | | | |
| 收货人及纳税人识别号 | 石家庄仁华纺织有限公司 | | 发货人及纳税人识别号 | 上海东方化工有限公司 | | | | |
| | 440122312560623 | | | 588992325069854 | | | | |
| 起运地、经由、到达地 | | | 上海　——　河北石家庄 | | | | | |

| 费用项目及金额 | 费用项目 | 金额 | 费用项目 | 金额 | 运输货物信息 | 浆料 |
|---|---|---|---|---|---|---|
| | 运费 | 1500.00 | | | | |
| | 合计金额 | ￥1500.00 | 税率 | 11% | 税额 ￥165.00 | 机器编号 |

| 价税合计（大写） | 壹仟陆佰陆拾伍元整　　　　　（小写）￥1665.00 |
|---|---|

| 车种车号 | 汽车 | 车船吨位 | 发票专用章 |
|---|---|---|---|
| 主管税务机关及代码 | 上海国家税务局 871233220 | | 税号：255678989801232 |

收款人：　　　复核人：　　　开票人：王娜　　　承运人：（章）

第二联　发票联　受票方记账凭证

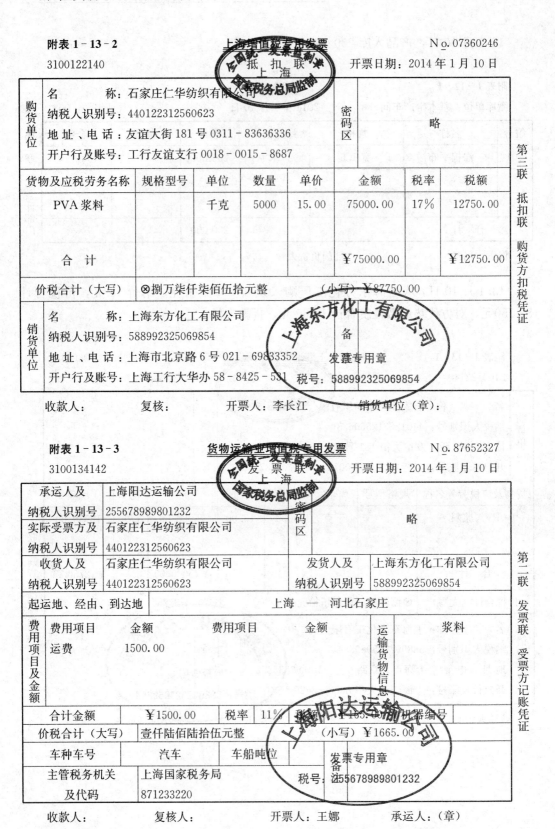

附表 1－13－4

货物运输业增值税专用发票

N o. 87652327

3100134142

开票日期：2014 年 1 月 10 日

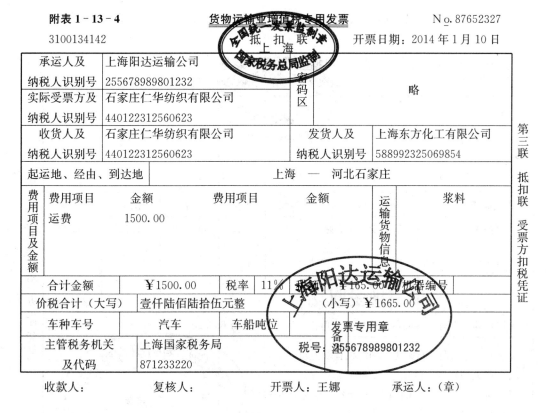

| 承运人及 纳税人识别号 | 上海阳达运输公司 255678989801232 | | | | | |
|---|---|---|---|---|---|---|
| 实际受票方及 纳税人识别号 | 石家庄仁华纺织有限公司 440122312560623 | | | | 略 | |
| 收货人及 纳税人识别号 | 石家庄仁华纺织有限公司 440122312560623 | | 发货人及 纳税人识别号 | 上海东方化工有限公司 588992325069854 | | |
| 起运地、经由、到达地 | | | 上海 — 河北石家庄 | | | |

| 费用项目及金额 | 费用项目 | 金额 | 费用项目 | 金额 | 运输货物信息 | 浆料 |
|---|---|---|---|---|---|---|
| | 运费 | 1500.00 | | | | |

| 合计金额 | ¥1500.00 | 税率 | 11% | ¥165.00 | 机器编号 |
|---|---|---|---|---|---|
| 价税合计（大写） | 壹仟陆佰陆拾伍元整 | | （小写）¥1665.00 | | |
| 车种车号 | 汽车 | 车船吨位 | 发票专用章 | 备 | |
| 主管税务机关 及代码 | 上海国家税务局 871233220 | | 税号：255678989801232 | | |

收款人：　　　　复核人：　　　　　　开票人：王娜　　　　承运人：（章）

附表 1－13－5

收料单

2014 年 1 月 10 日

N o. 045303

| 供货单位：上海东方化工有限公司 | | | | | | | 实际成本 | | | | | | | | | |
|---|---|---|---|---|---|---|---|---|---|---|---|---|---|---|---|---|
| 编号 | 材料名称 | 规格 | 送验数量 | 实收数量 | 单位 | 单价 | 运杂费 | 千 | 百 | 十 | 万 | 千 | 百 | 十 | 元 | 角 | 分 |
| 001 | PVA 浆料 | | 5 000 | 5 000 | 千克 | 15.00 | 1 500 | | | | | 7 | 6 | 5 | 0 | 0 | 0 |
| | | | | | | | | | | | | | | | | | |
| | | | | | | | | | | | | | | | | | |
| 合　计 | | | | | | | ¥ | | | | 7 | 6 | 5 | 0 | 0 | 0 |
| 实际单位成本：¥15.30 | | | | | | | 附单据3张 | | | | | | | | | | |

主管：　　　会计：　　　保管：冯磊　　　复核：　　　　验收：张志强

14.1月11日，处理纱线废料100千克，单价5.6元，开出普通发票，收回现金。

附表 1-14-1　　　　　　河北省增值税普通发票　　　　　No. 00946896

1300121140　　　　　此联作报销、扣税凭证　开票日期：2014 年 1 月 11 日

| 购货单位 | 名　　　称：个人<br>纳税人识别号：<br>地址、电话：<br>开户行及账号： | | | | | 密码区 | | 略 | |
|---|---|---|---|---|---|---|---|---|---|
| 货物或应税劳务名称 | 规格型号 | 单位 | 数量 | 单价 | 金额 | 税率 | | 税额 |
| 涤棉纱线 | 45 支纱 | 千克 | 100 | 5.60 | 560.00 | 17% | | 95.20 |
| 合　计 | | | | | ¥560.00 | | | ¥95.20 |
| 价税合计（大写）　陆佰伍拾伍元贰角整　　　　　¥655.20 | | | | | | | | |
| 销货单位 | 名　　　称：石家庄仁华纺织有限公司<br>纳税人识别号：440122312560623<br>地址、电话：石家庄市友谊大街 181 号 83636336<br>开户行及账号：工商银行友谊支行 0018-0015-86878 | | | | | 备注 | | | |

现金收讫

收款人：王金华　　　　复核：　　　　开票人：李立明　　　　销货单位（章）：

第一联 记账联 销货方记账凭证

附表 1-14-2　　　　　　　　发料单

领用单位：　　　　　　　　2014 年 1 月 11 日　　　　　　凭证编号：001

用　　途：废料处理　　　　　　　　　　　　　　　　　发料仓库：1 号

| 材料编号 | 材料名称 | 规　格 | 计量单位 | 数量 | | 单价 | 金额 |
|---|---|---|---|---|---|---|---|
| | | | | 请领 | 实发 | | |
| 001 | 涤棉纱线 | 45 支 | 千克 | 100 | 100 | | |
| | | | | | | | |
| 合　计 | | | | | | | |
| 备　注 | | | | | | 附单据　张 | |

领料人：　　　　　　　发料人：冯磊　　　　　领料部门负责人：

第三联 给财务科

15.1月12日，张乐报销差旅费3 100元。

附表 1－15－1　　　　　**差旅费报销单**

报销日期：2014 年 1 月 12 日

| 部门 | 办公室 | 出差人 | 张乐 | 事由 | 会议洽谈 | | | | | |
|------|--------|--------|------|------|------|------|------|------|------|------|
| 出差日期 | 起止地点 | 飞机 | 火车 | 汽车 | 市内交通费 | 住宿费 | 电话费 | 出差补助 | 合计 | 单据 |
| 2014.1.5 | 石家庄—上海 | 960 | | | 160 | 1 040 | 90 | 500 | 3 100 | |
| 2014.1.9 | 上海—石家庄 | | 350 | | | | | | | |
| | | | | | | | | | | |
| 合　计 | | 960 | 350 | | 160 | 1 040 | 90 | 500 | ￥3 100.00 | |
| 报销金额 | 人民币（大写）叁仟壹佰元整　　　　　　￥3 100.00 | | | | | | | | | |
| 原借款 | 3 000.00 | 报销额 | 3 100.00 | 应退还 | | | | 应找补 | 100.00 | |
| 财会审核意见 | 张佳珍 | 审批人意见 | | 陈凯华 | | | | | | |

附表 1－15－2　　　　　**现金支付单**

2014 年 1 月 12 日

| 收款单位或个人 | 张乐 | | |
|------|------|------|------|
| 款项内容 | 支付差旅费差额款 | 付款方式 | 现金 |
| 人民币（大写） | 壹佰元整　　　　　　￥100.00 | 现金付讫 | |
| 收款单位盖章 | | 收款人盖章　张乐 | 备注 |

16.1月13日，从山东森达纺织有限公司购进45 支纱48 000 千克，单价18 元，价税合计1 010 880 元，运费税费合计5 550 元，货款未付。

附表 1－16－1　　　　　山东省增值税专用发票　　　　Ｎo. 37360542

3700121140　　　　　　　　　　　　　　　　　开票日期：2014 年 1 月 13 日

| 购货单位 | 名　　称：石家庄仁华纺织有限公司 | | | | 密码区 | | 略 | | |
|---|---|---|---|---|---|---|---|---|---|
| | 纳税人识别号：440122312560623 | | | | | | | | |
| | 地址、电话：友谊大街 181 号 0311－83636336 | | | | | | | | |
| | 开户行及账号：工行友谊支行 0018－0015－8687 | | | | | | | | |

| 货物及应税劳务名称 | 规格型号 | 单位 | 数量 | 单价 | 金额 | 税率 | 税额 |
|---|---|---|---|---|---|---|---|
| 涤棉纱线 | 45 支 | 千克 | 48000 | 18.00 | 864000.00 | 17% | 146880.00 |
| 合　计 | | | | | ￥864000.00 | | ￥146880.00 |

| 价税合计（大写） | ⊗壹佰零壹万零捌佰捌拾元整　　　　　（小写）￥1010880.00 |
|---|---|

| 销货单位 | 名　　称：山东森达纺织有限公司 | 备注 |
|---|---|---|
| | 纳税人识别号：234567891234567 | |
| | 地址、电话：济南泉城路 67 号 0531－78934453 | |
| | 开户行及账号：济南市工行槐中办 12－8425－331 | |

收款人：　　　复核：　　　开票人：李江南　　　销货单位（章）：

附表 1－16－2　　　　　山东省增值税专用发票　　　　Ｎo. 37360542

3700121140　　　　　　　　　　　　　　　　　开票日期：2014 年 1 月 13 日

| 购货单位 | 名　　称：石家庄仁华纺织有限公司 | | | | 密码区 | | 略 | | |
|---|---|---|---|---|---|---|---|---|---|
| | 纳税人识别号：440122312560623 | | | | | | | | |
| | 地址、电话：友谊大街 181 号 0311－83636336 | | | | | | | | |
| | 开户行及账号：工行友谊支行 0018－0015－8687 | | | | | | | | |

| 货物及应税劳务名称 | 规格型号 | 单位 | 数量 | 单价 | 金额 | 税率 | 税额 |
|---|---|---|---|---|---|---|---|
| 涤棉纱线 | 45 支 | 千克 | 48000 | 18.00 | 864000.00 | 17% | 146880.00 |
| 合　计 | | | | | ￥864000.00 | | ￥146880.00 |

| 价税合计（大写） | ⊗壹佰零壹万零捌佰捌拾元整　　　　　（小写）￥1010880.00 |
|---|---|

| 销货单位 | 名　　称：山东森达纺织有限公司 | 备注 |
|---|---|---|
| | 纳税人识别号：234567891234567 | |
| | 地址、电话：济南泉城路 67 号 0531－78934453 | |
| | 开户行及账号：济南市工行槐中办 12－8425－331 | |

收款人：　　　复核：　　　开票人：李江南　　　销货单位（章）：

附表 1-16-3      货物运输业增值税专用发票      No.87652343

3700121140      开票日期：2014年1月13日

| 承运人及 | 山东速达运输公司 | | | | |
|---|---|---|---|---|---|
| 纳税人识别号 | 285678989801298 | | | 略 | |
| 实际受票方及 | 石家庄仁华纺织有限公司 | | | | |
| 纳税人识别号 | 440122312560623 | | | | |
| 收货人及 | 石家庄仁华纺织有限公司 | | 发货人及 | 山东森达纺织有限公司 | |
| 纳税人识别号 | 440122312560623 | | 纳税人识别号 | 234567891234567 | |
| 起运地、经由、到达地 | | 山东 — 河北石家庄 | | | |
| 费用项目及金额 | 费用项目 金额 | 费用项目 金额 | | 运输货物信息 | 45支纱 |
| | 运费 5000.00 | | | | |
| 合计金额 | ¥5000.00 | 税率 11% | 税额 | 机器编号 | |
| 价税合计（大写） | 伍仟伍佰伍拾元整 | | （小写）¥5550.00 | | |
| 车种车号 | 汽车 | 车船吨位 | 发票专用章 | | |
| 主管税务机关及代码 | 山东省国家税务局 871233220 | | 税号：285678989801298 | | |

收款人：      复核人：      开票人：王东      承运人：（章）

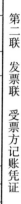

第二联 发票联 受票方记账凭证

---

附表 1-16-4      货物运输业增值税专用发票      No.87652343

3700121140      开票日期：2014年1月13日

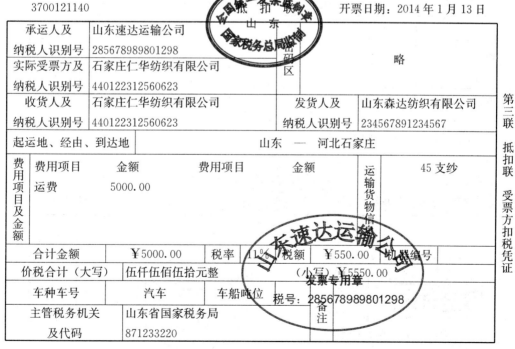

| 承运人及 | 山东速达运输公司 | | | | |
|---|---|---|---|---|---|
| 纳税人识别号 | 285678989801298 | | | 略 | |
| 实际受票方及 | 石家庄仁华纺织有限公司 | | | | |
| 纳税人识别号 | 440122312560623 | | | | |
| 收货人及 | 石家庄仁华纺织有限公司 | | 发货人及 | 山东森达纺织有限公司 | |
| 纳税人识别号 | 440122312560623 | | 纳税人识别号 | 234567891234567 | |
| 起运地、经由、到达地 | | 山东 — 河北石家庄 | | | |
| 费用项目及金额 | 费用项目 金额 | 费用项目 金额 | | 运输货物信息 | 45支纱 |
| | 运费 5000.00 | | | | |
| 合计金额 | ¥5000.00 | 税率 11% | 税额 ¥550.00 | 机器编号 | |
| 价税合计（大写） | 伍仟伍佰伍拾元整 | | （小写）¥5550.00 | | |
| 车种车号 | 汽车 | 车船吨位 | 发票专用章 | | |
| 主管税务机关及代码 | 山东省国家税务局 871233220 | | 税号：285678989801298 备注 | | |

收款人：      复核人：      开票人：王东      承运人：（章）

第三联 抵扣联 受票方扣税凭证

**附表 1-16-5**

## 收料单

2014年1月13日　　　　N o. 045304

| 供货单位：山东森达纺织有限公司 | | | | | | | | 实际成本 | | | | | | | | | |
|---|---|---|---|---|---|---|---|---|---|---|---|---|---|---|---|---|---|
| 编号 | 材料名称 | 规格 | 送验数量 | 实收数量 | 单位 | 单价 | 运杂费 | 金额 | | | | | | | | | |
| | | | | | | | | 千 | 百 | 十 | 万 | 千 | 百 | 十 | 元 | 角 | 分 |
| 001 | 涤棉纱线 | 45支 | 48 000 | 48 000 | 千克 | 18.00 | 5 000 | | | 8 | 6 | 9 | 0 | 0 | 0 | 0 | 0 |
| | | | | | | | | | | | | | | | | | |
| | | | | | | | | | | | | | | | | | |
| 合　计 | | | | | | | | | ¥ | 8 | 6 | 9 | 0 | 0 | 0 | 0 | 0 |
| 实际单位成本：¥18.10 | | | | | | | | 附单据2张 | | | | | | | | | |

第三联 给财务科

主管：　　会计：　　保管：冯磊　　复核：　　验收：张志强

17. 1月14日，生产产品领用45支纱55 000千克，浆料4 000千克。

**附表 1-17-1**

## 领料单

领用单位：生产车间　　　　2014年1月14日　　　　凭证编号：008

用　　途：生产涤棉平布　　　　发料仓库：1号

| 材料编号 | 材料名称 | 规　格 | 计量单位 | 数量 | | 单价 | 金额 |
|---|---|---|---|---|---|---|---|
| | | | | 请领 | 实发 | | |
| 001 | 涤棉纱线 | 45支 | 千克 | 55 000 | 55 000 | | |
| 002 | 浆料 | | 千克 | 4 000 | 4 000 | | |
| | | | | | | | |
| 合　计 | | | | | | | |
| 备　注 | | | | | | | 附单据　张 |

第三联 给财务科

领料人：张兵　　　　发料人：冯磊　　　　领料部门负责人：赵小刚

18. 1月15日，现金购入办公用品110元。

**附表 1-18-1**

## 石家庄市商业零售统一发票

客户名称：石家庄仁华纺织有限公司　　2014年1月[illegible]日　　N o. 6757950

| 品名规格 | 单位 | 数量 | 单价 | | 金额 | | | | | |
|---|---|---|---|---|---|---|---|---|---|---|
| | | | | 满 元无效 | 千 | 百 | 十 | 元 | 角 | 分 |
| 钢笔 | 盒 | 1 | 30 | | | | 3 | 0 | 0 | 0 |
| 打印纸 | 包 | 4 | 20 | | | | 8 | 0 | 0 | 0 |
| | | | | | ¥ | 1 | 1 | 0 | 0 | 0 |
| 合计金额（大写）×仟壹佰壹拾零元零角零分 | | | | | | | | | | |

第二联 发票联

现金付讫

泰华文化用品商店 财务专用章

填票人：张丽　　　　收款人：李艳　　　　单位名称：（章）

19.1 月 15 日，计提固定资产折旧（提示：按期初给出的使用年限和净残值率计算月折率）。

附表 1 - 19 - 1　　　　　**固定资产折旧计算表**

2014 年 1 月 15 日

| 部门 | 固定资产项目名称 | 应计提折旧的固定资产原价 | 月折旧率 | 本月折旧额 | 应借科目 |
|---|---|---|---|---|---|
| 基本生产车间 | 车间厂房 | 1 200 000 | | | |
| | 剑杆织机 | 1 120 000 | | | |
| | 联想电脑 | 12 000 | | | |
| | 小　计 | | | | |
| 机修车间 | 辅楼 | 130 000 | | | |
| | 车床 | 20 000 | | | |
| | 华硕电脑 | 5 000 | | | |
| | 小　计 | | | | |
| 管理部门 | 行政办公楼 | 1 100 000 | | | |
| | 复印机 | 24 000 | | | |
| | 戴尔电脑 | 42 000 | | | |
| | 四通打印机 | 8 000 | | | |
| | 大众轿车 | 175 000 | | | |
| | 小　计 | | | | |
| 销售部门 | 销售门市 | 170 000 | | | |
| | 神舟电脑 | 8 000 | | | |
| | 佳能打印机 | 2 000 | | | |
| | 卡车 | 60 000 | | | |
| | 小　计 | | | | |
| 合　计 | | | | | |

20.1月16日,支付广告费6 000元。

**附表 1-20-1**

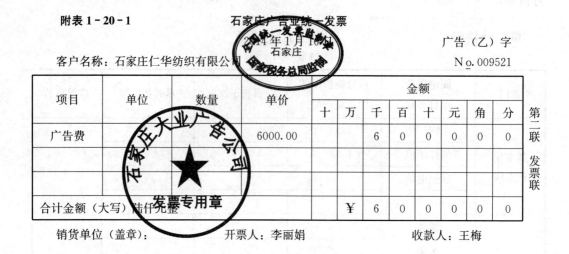

石家庄广告业统一发票

客户名称:石家庄仁华纺织有限公司

广告(乙)字

No.009521

| 项目 | 单位 | 数量 | 单价 | 金额 | | | | | | |
|------|------|------|------|------|------|------|------|------|------|------|
| | | | | 十 | 万 | 千 | 百 | 十 | 元 | 角 | 分 |
| 广告费 | | | 6000.00 | | | 6 | 0 | 0 | 0 | 0 | 0 |
| | | | | | | | | | | | |
| | | | | | | | | | | | |
| 合计金额(大写)陆仟元整 | | | | | ¥ | 6 | 0 | 0 | 0 | 0 | 0 |

销货单位(盖章): 开票人:李丽娟 收款人:王梅

第二联 发票联

**附表 1-20-2**

转账支票存根

**中国工商银行**

**转账支票存根**

支票号码:00002431

附加信息:

出票日期:2014 年 01 月 16 日

收款人:石家庄电视台

金 额:¥6000.00

用 途:广告费

单位主管: 会计:苏洋

21. 1月18日，预收衡水神州印染厂货款500 000元，收到电汇凭证。

附表1-21-1　　中国工商银行　电汇凭证（收账通知）　　**4**

□普通　☑加急　　委托日期：2014年1月18日

| 汇款人 | 全称 | 衡水神州印染厂 | 收款人 | 全称 | 石家庄仁华纺织有限公司 |
|---|---|---|---|---|---|
| | 账号 | 65-1021-118 | | 账号 | 0018-0015-8687 |
| | 汇出地点 | 河北省衡水市 | | 汇入地点 | 河北省石家庄市 |
| 汇出行名称 | | 衡水市工行翟营办 | 汇入行名称 | | 工行石家庄友谊支行 |

| 金额 | 人民币（大写）伍拾万元整 | 亿 | 千 | 百 | 十 | 万 | 千 | 百 | 十 | 元 | 角 | 分 |
|---|---|---|---|---|---|---|---|---|---|---|---|---|
| | | | | | ¥ | 5 | 0 | 0 | 0 | 0 | 0 | 0 | 0 |

款项已收入收款人账户

中国工商银行
石家庄友谊支行
2014.01.18
转讫

支付密码

附加信息及用途：货款

复核：　记账：

汇入行签章

此联是汇入行给收款人的收账通知

---

22. 1月19日，销售给衡水神州印染厂涤棉平布75 000米，单价6.40元，价税合计561 600元。

附表1-22-1　　河北省增值税专用发票　　No.06320230

1300121140　　此联作报销、抵扣凭证　开票日期：2014年1月19日

| 购货单位 | 名　称：衡水神州印染厂<br>纳税人识别号：653333456271210<br>地址、电话：衡水市人民路18号 0318-60532256<br>开户行及账号：工行翟营办 65-1021-118 | 密码区 | 略 |
|---|---|---|---|

| 货物或应税劳务名称 | 规格型号 | 单位 | 数量 | 单价 | 金额 | 税率 | 税额 |
|---|---|---|---|---|---|---|---|
| 涤棉平布 | 幅宽1.6 | 米 | 75000 | 6.40 | 480000.00 | 17% | 81600.00 |
| 合　计 | | | | | 480000.00 | | 81600.00 |

| 价税合计（大写） | ⊗伍拾陆万壹仟陆佰元整　　（小写）¥561600.00 |
|---|---|

| 销货单位 | 名　称：石家庄仁华纺织有限公司<br>纳税人识别号：440122312560623<br>地址、电话：石家庄友谊大街181号 0311-83636336<br>开户行及账号：工行友谊支行 0018-0015-8687 |
|---|---|

石家庄仁华纺织有限公司
发票专用章
税号：440122312560623

收款人：　　复核：　　开票人：李立明　　销货单位（章）

第一联　记账联　销货方记账凭证

附表 1-22-2          **产品出库单**

2014 年 1 月 19 日             第 13 号

| 类别 | 名称及规格 | 单位 | 数量 | | 单位成本 | 总成本 | | | | | | | | 附注 |
|---|---|---|---|---|---|---|---|---|---|---|---|---|---|---|
| | | | 请购 | 实发 | | 十万 | 千 | 百 | 十 | 元 | 角 | 分 | | |
| 主要产品 | 涤棉平布 | 米 | 75 000 | 75 000 | | | | | | | | | | |
| | | | | | | | | | | | | | | |
| | | | | | | | | | | | | | | |
| | | | | | | | | | | | | | | |
| 合　计 | | | | | | | | | | | | | | |

会计：　　　　仓库主管：　　　　保管：冯磊　　　　经手：　　　　制单：李全友

附单据　张

附表 1-22-3       **中国工商银行　进账单（收账通知）**　3

2014 年 1 月 19 日             第 21 号

| 出票人 | 全称 | 衡水神州印染厂 | 收款人 | 全称 | 石家庄仁华纺织有限公司 | | | | | | | | | | |
|---|---|---|---|---|---|---|---|---|---|---|---|---|---|---|---|
| | 账号 | 65-1021-118 | | 账号 | 0018-0015-8687 | | | | | | | | | | |
| | 开户银行 | 衡水市工行翟营办 | | 开户银行 | 石家庄工商银行友谊支行 | | | | | | | | | | |
| 人民币（大写）伍拾陆万壹仟陆佰元整 | | | | | | 千 | 百 | 十 | 万 | 千 | 百 | 十 | 元 | 角 | 分 |
| | | | | | | | ¥ | 5 | 6 | 1 | 6 | 0 | 0 | 0 | 0 |
| 票据种类 | 银行汇票 | 票据张数 | 一张 | | 中国工商银行 | | | | | | | | | | |
| 票据号码 | 3567 | | | | 友谊支行 2014.01.19 转讫 | | | | | | | | | | |
| 复核：　　记账： | | | | | 开户银行盖章 | | | | | | | | | | |

此联是收款人开户银行交持票人的回单

23. 1 月 19 日，支付电费 36 000 元，增值税率 17%，收到增值税发票，转账支票支付。

**附表 1－23－1**

1300121140

河北省增值税专用发票

N o.130062141

开票日期：2014 年 1 月 19 日

| 购货单位 | 名　　称：石家庄仁华纺织有限公司 | | | | | | | |
|---|---|---|---|---|---|---|---|---|
| | 纳税人识别号：440122312560623 | | | | | | | |
| | 地址、电话：石家庄市友谊大街 181 号 | | | | | 密码区 | 略 | |
| | 开户行及账号：工行友谊支行 0018－0015－8687 | | | | | | | |

| 货物或应税劳务名称 | 规格型号 | 单位 | 数量 | 单价 | 金额 | 税率 | 税额 |
|---|---|---|---|---|---|---|---|
| 电 | | 度 | 50000 | 0.72 | 36000.00 | 17％ | 6120.00 |
| 合　计 | | | | | 36000.00 | | 6120.00 |

| 价税合计（大写） | ⊗肆万贰仟壹佰贰拾元整 | （小写）￥42120.00 |
|---|---|---|

| 销货单位 | 名　　称：石家庄供电公司 | |
|---|---|---|
| | 纳税人识别号：155678989801900 | 备 |
| | 地址、电话：石家庄中华大街 167 号 | 注 发票专用章 |
| | 开户行及账号：石家庄市工行中华办 15－2402－119 | 税号 155678989801900 |

收款人：　　复核：　　开票人：王明　　销货单位（章）：

---

**附表 1－23－2**

1300121140

河北省增值税专用发票

N o.130062141

开票日期：2014 年 1 月 19 日

| 购货单位 | 名　　称：石家庄仁华纺织有限公司 | | | | | | | |
|---|---|---|---|---|---|---|---|---|
| | 纳税人识别号：440122312560623 | | | | | | | |
| | 地址、电话：石家庄市友谊大街 181 号 | | | | | 密码区 | 略 | |
| | 开户行及账号：工行友谊支行 0018－0015－8687 | | | | | | | |

| 货物或应税劳务名称 | 规格型号 | 单位 | 数量 | 单价 | 金额 | 税率 | 税额 |
|---|---|---|---|---|---|---|---|
| 电 | | 度 | 50000 | 0.72 | 36000.00 | 17％ | 6120.00 |
| 合　计 | | | | | 36000.00 | | 6120.00 |

| 价税合计（大写） | ⊗肆万贰仟壹佰贰拾元整 | （小写）￥42120.00 |
|---|---|---|

| 销货单位 | 名　　称：石家庄供电公司 | |
|---|---|---|
| | 纳税人识别号：155678989801900 | 备 |
| | 地址、电话：石家庄中华大街 167 号 | 注 发票专用章 |
| | 开户行及账号：石家庄市工行中华办 15－2402－119 | 税号 155678989801900 |

收款人：　　复核：　　开票人：王明　　销货单位（章）：

附表 1-23-3

**转账支票存根**

中国工商银行

转账支票存根

支票号码：01447365

附加信息：_____

_____

_____

出票日期：2014 年 01 月 19 日

| 收款人：石家庄供电公司 |
| 金　额：￥42120.00 |
| 用　途：支付电费 |

单位主管：　　会计：苏洋

24. 1 月 19 日，支付水费 15 200 元，增值税率 13％，收到增值税发票，转账支票支付。

附表 1-24-1

**河北省增值税专用发票**

No.130065167

1300121140

开票日期：2014 年 1 月 19 日

| 购货单位 | 名　　称：石家庄仁华纺织有限公司<br>纳税人识别号：440122312560623<br>地址、电话：石家庄市友谊大街 181 号<br>开户行及账号：工行友谊支行 0018-0015-8687 | | | | | 密码区 | 略 | |
|---|---|---|---|---|---|---|---|---|
| 货物或应税劳务名称 | 规格型号 | 单位 | 数量 | 单价 | 金额 | 税率 | 税额 |
| 水 | | 吨 | 3800 | 4 | 15200.00 | 13％ | 1976.00 |
| 合　计 | | | | | 15200.00 | | 1976.00 |
| 价税合计（大写） | ⊗壹万柒仟壹佰柒拾陆元整 | | | | （小写）￥17176.00 | | |
| 销货单位 | 名　　称：石家庄供水公司<br>纳税人识别号：155678989809923<br>地址、电话：石家庄中华大街 166 号<br>开户行及账号：石家庄市工行中华办 15-2402-117 | | | | | 注<br>发票专用章<br>税号：155678989809923 | | |

收款人：　　　复核：　　　开票：王光明　　　销货单位（章）：

第二联　发票联　购货方记账凭证

附表 1-24-2

1300121140

**河北省增值税专用发票**

N o. 130065167

开票日期：2014 年 1 月 19 日

| 购货单位 | 名 称：石家庄仁华纺织有限公司 |
|---|---|
| | 纳税人识别号：440122312560623 |
| | 地 址、电话：石家庄市友谊大街 181 号 |
| | 开户行及账号：工行友谊支行 0018-0015-8687 |

密码区　　略

| 货物或应税劳务名称 | 规格型号 | 单位 | 数量 | 单价 | 金额 | 税率 | 税额 |
|---|---|---|---|---|---|---|---|
| 水 | | 吨 | 3800 | 4 | 15200.00 | 13% | 1976.00 |
| 合 计 | | | | | 15200.00 | | 1976.00 |

| 价税合计（大写） | ⊗壹万柒仟壹佰柒拾陆元整 | （小写）￥17176.00 |
|---|---|---|

| 销货单位 | 名 称：石家庄供水公司 |
|---|---|
| | 纳税人识别号：155678989809923 |
| | 地址、电话：石家庄中华大街 166 号 |
| | 开户行及账号：石家庄市工行中华办 15-2402-117 |

备注 发票专用章 税号：155678989809923

收款人：　　复核：　　开票人：王光明　　销货单位（章）：

第三联 抵扣联 购货方抵扣凭证

附表 1-24-3

**转账支票存根**

**中国工商银行**

转账支票存根

支票号码：01447368

附加信息：_____

出票日期：2014 年 01 月 19 日

收款人：石家庄供水公司

金 额：￥17176.00

用 途：支付水费

单位主管：　　会计：苏洋

25.1 月 20 日，产品入库 210 000 米。

附表 1-25-1          **产品入库单**

缴库单位：基本生产车间      2014 年 1 月 20 日      凭证编号：009

| 编号 | 名称 | 规格 | 计量单位 | 数量 | 单价 | 金额 |
|------|------|------|----------|------|------|------|
| 201 | 涤棉平布 | | 米 | 210 000 | | |
| | | | | | | |
| | | | | | | |
| 合　计 | | | | 210 000 | | |

保管：冯磊          部门负责人：

26.1 月 25 日，生产领用 45 支纱 19 000 千克，浆料 1 300 千克。

附表 1-26-1          **领料单**

领用单位：生产车间      2014 年 1 月 25 日      凭证编号：007

用　　途：生产产品                              发料仓库：1 号

| 材料编号 | 材料名称 | 规格 | 计量单位 | 数量 | | 单价 | 金额 |
|----------|----------|------|----------|------|------|------|------|
| | | | | 请领 | 实发 | | |
| 001 | 45 支纱线 | | 千克 | 19 000 | 19 000 | | |
| 002 | 浆料 | | 千克 | 1 300 | 1 300 | | |
| | | | | | | | |
| 合　计 | | | | | | | |
| 备　注 | | | | | | | 附单据　张 |

领料人：张兵      发料人：冯磊      领料部门负责人：赵小刚

27.1月28日，销售给北京尚华印染厂涤棉平布150 000米，单价6.60元，价税合计1 158 300元。以转账支票代垫运费4 440元，货款尚未收到。

**附表1-27-1**

河北省增值税专用发票

1300121140

N o.06320231

此联不作报销、抵扣税凭证　开票日期：2014年1月28日

第一联　记账联　销货方记账凭证

| 购货单位 | 名　　称：北京尚华印染厂<br>纳税人识别号：010338795874839<br>地　址、电话：北京市东风路23号 010-86360312<br>开户行及账号：北京市工行亦庄办 01-4588-018 | | | | | 密码区 | 略 | |
|---|---|---|---|---|---|---|---|---|
| 货物或应税劳务名称 | 规格型号 | 单位 | 数量 | 单价 | 金额 | 税率 | 税额 |
| 涤棉平布 | 幅宽1.6 | 米 | 15000 | 6.60 | 990000.00 | 17% | 168300.00 |
| 合　计 | | | | | 990000.00 | | 168300.00 |

| 价税合计（大写） | ⊗壹佰壹拾伍万捌仟叁佰元整 | （小写）￥1158300.00 |
|---|---|---|

| 销货单位 | 名　　称：石家庄仁华纺织有限公司<br>纳税人识别号：440122312560623<br>地　址、电话：友谊大街181号 0311-83636336<br>开户行及账号：工行友谊支行 0018-0015-8687 | 备注 |
|---|---|---|

收款人：　　　复核：　　　开票人：李立明　　　销货单位（章）

**附表1-27-2**

**产品出库单**

2014年1月28日　　　　　　　　　　第14号

| 类别 | 名称及规格 | 单位 | 数量 | | 单位成本 | 总成本 | | | | | | | | 附注 |
|---|---|---|---|---|---|---|---|---|---|---|---|---|---|---|
| | | | 请购 | 实发 | | 十万 | 千 | 百 | 十 | 元 | 角 | 分 | |
| 主要产品 | 涤棉平布 | 米 | 150 000 | 150 000 | | | | | | | | | |
| | | | | | | | | | | | | | |
| | | | | | | | | | | | | | |
| 合　计 | | | | | | | | | | | | | |

会计：　　　仓库主管：　　　保管：冯磊　　　经手：　　　制单：李全友

附表 1-27-3　　　　　　　　　　**转账支票存根**

中国工商银行

转账支票存根

支票号码：01447371

附加信息：_____

_____

出票日期：2014 年 01 月 28 日

| 收款人： | 石家庄百世运输 |
| 金　额： | ¥4440.00 |
| 用　途： | 代垫运费 |

单位主管：　　　会计：

28.1 月 30 日，产品入库 220 000 米。

附表 1-28-1　　　　　　　　　　**产品入库单**

缴库单位：基本生产车间　　　　2014 年 1 月 30 日　　　　　　凭证编号：010

| 编号 | 名称 | 规格 | 计量单位 | 数量 | 单价 | 金额 |
|---|---|---|---|---|---|---|
| 201 | 涤棉平布 | | 米 | 220 000 | | |
| | | | | | | |
| | | | | | | |
| 合　计 | | | | 220 000 | | |

第二联　送会计部门

保管：冯磊　　　　　　部门负责人：

29.1 月 30 日，分摊预付的财产保险费 500 元，报刊杂志费 100 元。

附表 1-29-1　　　　　　　　　　**预付费用分摊表**

2014 年 1 月 30 日

| 费用项目 | 待摊总额 | 分摊期 | 本月摊销金额 | 应计账户 |
|---|---|---|---|---|
| 财产保险费 | 3 000 | 6 | 500 | 管理费用 |
| 报刊杂志费 | 1 200 | 12 | 100 | 管理费用 |
| 合　计 | | | ¥600.00 | |

财务主管：　　　　审核：李立明　　　　　制表：苏洋

30.1 月 31 日，计算本月短期借款利息。

附表 1－30－1　　　　　　　**借款利息费用计算表**

2014 年 1 月 31 日

| 借款品种＼项目 | 借款日 | 到期日 | 借款本金 | 月利率 | 本月应计利息 |
|---|---|---|---|---|---|
| 流动资金借款 | 2013.12.1 | 2014.2.28 | 500 000 | 0.6％ | 3 000 |
| 生产周转借款 | 2014.1.2 | 2014.7.1 | 800 000 | 0.65％ | 5 200 |
| | | | | | |
| 合　计 | | | | | ￥8 200.00 |

财务主管：　　　　　　审核：李立明　　　　　　制表：苏洋

31.1 月 31 日，摊销无形资产价值。

附表 1－31－1　　　　　　　**无形资产摊销计算表**

2014 年 1 月 31 日

| 无形资产名称＼项目 | 来源 | 原始价值 | 原价确认日期 | 分摊期（月数） | 本期分摊金额 |
|---|---|---|---|---|---|
| 非专利技术 | 外购 | 90 000 | 2013.5.1 | 60 个月 | 1 500 |
| | | | | | |
| 合　计 | | | | | ￥1 500.00 |

财务主管：　　　　　　审核：李立明　　　　　　制表：苏洋

32.1 月 31 日，分配本月水费、电费。

附表 1－32－1　　　　　　　**1 月水费分配表**

2014 年 1 月 31 日

| 部门 | | 耗用数量 | 单价 | 金额 |
|---|---|---|---|---|
| 基本生产车间 | 产品——涤棉平布 | 2 200 | | |
| | 一般耗用 | 400 | | |
| 辅助生产车间——机修车间 | | 300 | | |
| 行政管理部门 | | 600 | | |
| 销售部门 | | 300 | | |
| 合　计 | | 3 800 | 4 | 15 200 |

财务主管：　　　　　　审核：李立明　　　　　　制表：苏洋

附表 1 - 32 - 2 　　　　　**1 月电费分配表**

2014 年 1 月 31 日

| 部门 | | 耗用数量 | 单价 | 金额 |
|---|---|---|---|---|
| 基本生产车间 | 产品——涤棉平布 | 40 000 | | |
| | 一般耗用 | 2 400 | | |
| 辅助生产车间——机修车间 | | 2 600 | | |
| 行政管理部门 | | 2 800 | | |
| 销售部门 | | 2 200 | | |
| 合　计 | | 50 000 | 0.72 | 36 000 |

财务主管：张佳珍　　　　　审核：李立明　　　　　制表：苏洋

33. 1 月 31 日，分配本月工资 433 400 元。

附表 1 - 33 - 1 　　　　　**工资结算汇总表**

2014 年 1 月 31 日

| 部门名称 | | 基本工资 | 各类奖金及补贴 | 应付工资 | 代扣款项 | | | | | 实发工资 |
|---|---|---|---|---|---|---|---|---|---|---|
| | | | | | 医疗保险2% | 养老保险8% | 失业保险1% | 住房公积金7% | 个人所得税 | |
| 基本生产车间 | 生产工人 | 233 600 | 3 100 | 236 700 | 4 734 | 18 936 | 2 367 | 16 569 | | 194 094 |
| | 车间管理人员 | 28 800 | 1 000 | 29 800 | 596 | 2 384 | 298 | 2 086 | | 24 436 |
| | 小　计 | 262 400 | 4 100 | 266 500 | 5 330 | 21 320 | 2 665 | 18 655 | | 218 530 |
| 辅助生产车间 | 机修车间 | 24 200 | 2 000 | 26 200 | 524 | 2 096 | 262 | 1 834 | | 21 484 |
| 行政管理部门 | | 112 400 | 2 800 | 115 200 | 2 304 | 9 216 | 1 152 | 8 064 | 1 000 | 93 464 |
| 销售部门 | | 24 500 | 1 000 | 25 500 | 510 | 2 040 | 255 | 1 785 | 600 | 20 310 |
| 合　计 | | 423 500 | 9 900 | 43 3400 | 8 668 | 34 672 | 4 334 | 30 338 | 1 600 | 353 788 |

单位主管：陈凯华　　　　　审核：张斌　　　　　制表：陈芳香

附表 1 - 33 - 2　　　　　　　　**工资分配表**

2014 年 1 月 31 日

| 应借科目 | | | | 应分配工资金额 |
|---|---|---|---|---|
| 生产成本 | 基本生产成本 | 涤棉平布 | 直接人工 | 236 700 |
| | 辅助生产成本 | 机修车间 | 工资 | 26 200 |
| | 小　计 | | | 262 900 |
| 制造费用 | 基本生产车间 | | 工资 | 29 800 |
| 管理费用 | | | 工资 | 115 200 |
| 销售费用 | | | 工资 | 25 500 |
| 合　计 | | | | 433 400 |

单位主管：陈凯华　　　　　　审核：苏洋　　　　　　制表：王金华

34.1 月 31 日，计提社会保险费、工会经费、职工教育经费。

附表 1 - 34 - 1　　　　　**社会保险费和住房公积金计提表**

2014 年 1 月 31 日

| 应借科目 | | | | 工资基数 | 医疗保险8% | 养老保险20% | 失业保险2% | 住房公积金12% | 合计 |
|---|---|---|---|---|---|---|---|---|---|
| 生产成本 | 基本生产成本 | 涤棉平布 | 直接人工 | 236 700 | | | | | |
| | 辅助生产成本 | 机修车间 | 职工薪酬 | 26 200 | | | | | |
| | 小　计 | | | 262 900 | | | | | |
| 制造费用 | 基本生产车间 | | 职工薪酬 | 29 800 | | | | | |
| 管理费用 | 职工薪酬 | | | 115 200 | | | | | |
| 销售费用 | 职工薪酬 | | | 25 500 | | | | | |
| 合　计 | | | | 433 400 | | | | | |

单位主管：陈凯华　　　　　　审核：苏洋　　　　　　制表：王金华

附表 1－34－2　　　　**工会经费和职工教育经费计提表**

2014 年 1 月 31 日

| | 应借科目 | | | 工资基数 | 工会经费 2% | 职工教育经费 1.5% | 合计 |
|---|---|---|---|---|---|---|---|
| 生产成本 | 基本生产成本 | 涤棉平布 | 直接人工 | 236 700 | | | |
| | 辅助生产成本 | 机修车间 | 职工薪酬 | 26 200 | | | |
| | 小　计 | | | 262 900 | | | |
| 制造费用 | 基本生产车间 | | 职工薪酬 | 29 800 | | | |
| 管理费用 | 职工薪酬 | | | 115 200 | | | |
| 销售费用 | 职工薪酬 | | | 25 500 | | | |
| 合　计 | | | | 433 400 | | | |

单位主管：陈凯华　　　　　　审核：苏洋　　　　　　　制表：王金华

35.1 月 31 日，分配辅助生产费用。辅助生产车间本月提供劳务数量为 480 工时，其中：基本生产车间 310 工时，管理部门 100 工时，销售部门 70 工时。

附表 1－35－1　　　　　　**辅助生产费用分配表**

年　　月　　日

| 项目 | | 应分配费用 | 劳务量（工时） | 分配率（四位小数） | 基本生产车间 | 管理部门 | 销售部门 |
|---|---|---|---|---|---|---|---|
| 机修车间 | 数量（工时） | | 480 | | 310 | 100 | 70 |
| | 金额（元） | | | | | | |

财务主管：　　　　　审核：　　　　　制表：

36.1 月 31 日，分配制造费用。

附表 1－36－1　　　　　　**制造费用分配表**

年　　月　　日

| 产品名称 | 产品生产工时 | 分配金额 |
|---|---|---|
| 涤棉平布 | 71 820 | |
| 合　计 | | |

财务主管：　　　　　审核：　　　　　制表：

37.1 月 31 日，按约当产量法计算完工产品成本。

附表 1 - 37 - 1     **产品成本计算单**

产品名称：涤棉平布     2014 年 1 月 31 日     单位：元

完工产品数量：     月末在产品数量：     投料程度：     完工程度：

| 项目 | 直接材料 | 直接人工 | 制造费用 | 合计 |
|------|----------|----------|----------|------|
| 月初在产品成本 | | | | |
| 本月发生的生产费用 | | | | |
| 生产费用合计 | | | | |
| 完工产品数量 | | | | |
| 在产品约当产量 | | | | |
| 总约当产量 | | | | |
| 分配率（单位成本） | | | | |
| 完工产品总成本 | | | | |
| 月末在产品成本 | | | | |

财务主管：     审核：     制表：

38.1 月 31 日，计算本月产品销售成本。

附表 1 - 38 - 1     **发出商品成本计算表**

2014 年 1 月 31 日     单位：元

| 商品名称 | 月初余额 | | 本月生产完工 | | 加权平均单价 | 本月销售 | |
|----------|----------|----------|----------|----------|----------|----------|----------|
| | 数量 | 实际成本 | 数量 | 实际成本 | ⑤=(②+④)/(①+③) | 数量 | 实际成本 |
| | ① | ② | ③ | ④ | （保留 4 位小数） | ⑥ | ⑦=⑤×⑥ |
| 涤棉平布 | | | | | | | |

财务主管：     审核：     制表：

39.1 月 31 日，计算本月营业税金及附加。

附表 1 - 39 - 1     **应交城建税及教育费附加计算表**

2014 年 1 月 31 日

| 计税依据 | 计税基数 | 应交城市维护建设税 | | 应交教育费附加 | |
|----------|----------|----------|----------|----------|----------|
| | | 税率 | 税额 | 税率 | 税额 |
| 增值税 | | 7% | | 3% | |
| | | | | | |
| 合 计 | | | | | |

财务主管：     审核：     制表：

40.1 月 31 日，结转本月损益类账户余额。

**附表 1 - 40 - 1** **损益类账户发生额汇总表**

2014 年 1 月

| 费用、支出类科目 | | | 收入、收益类科目 | | |
|---|---|---|---|---|---|
| 科目名称 | 本期发生额 | | 科目名称 | 本期发生额 | |
| | 借方 | 贷方 | | 借方 | 贷方 |
| 主营业务成本 | | | 主营业务收入 | | |
| 其他业务成本 | | | 其他业务收入 | | |
| 营业税金及附加 | | | 营业外收入 | | |
| 管理费用 | | | 投资收益 | | |
| 销售费用 | | | | | |
| 财务费用 | | | | | |
| 营业外支出 | | | | | |
| | | | | | |
| | | | | | |
| 金额合计 | | | 金额合计 | | |

财务主管：　　　　　　审核：　　　　　　制表：

41.1 月 31 日，计算本月所得税并结转入本年利润。

**附表 1 - 41 - 1** **所得税计算表**

单位：　　　　　　2014 年 1 月 31 日

| 应纳税所得额 | 所得税税率 | 应交所得税 | 备注 |
|---|---|---|---|
| | 25% | | |
| | | | |

财务主管：　　　　　　审核：　　　　　　制表：

# 附录二　2月经济业务原始凭证

1. 2月1日，收到北京尚华印染厂上月所欠货款1 162 740元，山东环宇印染有限公司货款200 000元。

附表2-1-1　　　　中国银行　电汇凭证（收账通知）　　　4

□普通　☑加急　　委托日期：2014年2月1日

| 汇款人 | 全称 | 北京尚华印染厂 | 收款人 | 全称 | 石家庄仁华纺织有限公司 |
|---|---|---|---|---|---|
| | 账号 | 01-4588-018 | | 账号 | 0018-0015-8687 |
| | 汇出地点 | 北京市 | | 汇入地点 | 河北省石家庄市 |
| 汇出行名称 | | 北京市工行亦庄办 | 汇入行名称 | | 工行石家庄友谊支行 |

| 金额 | 人民币（大写）壹佰壹拾陆万贰仟柒佰肆拾元整 | 亿 | 千 | 百 | 十 | 万 | 千 | 百 | 十 | 元 | 角 | 分 |
|---|---|---|---|---|---|---|---|---|---|---|---|---|
| | | | ¥ | 1 | 1 | 6 | 2 | 7 | 4 | 0 | 0 | 0 |

款项已收入收款人账户

中国工商银行
石家庄友谊支行
2014.02.01
转讫

汇入行签章

支付密码

附加信息及用途：货款

复核：　　记账：

此联是汇入行给收款人的收账通知

附表 2-1-2　　　　**中国银行　电汇凭证（收账通知）**　　　**4**

□普通　☑加急　　　委托日期：2014 年 2 月 1 日

| 汇款人 | 全称 | 山东环宇印染有限公司 | 收款人 | 全称 | 石家庄仁华纺织有限公司 |
|---|---|---|---|---|---|
| | 账号 | 66-3311-112 | | 账号 | 0018-0015-8687 |
| | 汇出地点 | 山东省济南市 | | 汇入地点 | 河北省石家庄市 |
| 汇出行名称 | | 济南市工行裕华办 | 汇入行名称 | | 工行石家庄友谊支行 |

| 金额 | 人民币（大写）贰拾万元整 | 亿 | 千 | 百 | 十 | 万 | 千 | 百 | 十 | 元 | 角 | 分 |
|---|---|---|---|---|---|---|---|---|---|---|---|---|
| | | | | | ¥ | 2 | 0 | 0 | 0 | 0 | 0 | 0 | 0 |

款项已收入收款人账户

中国工商银行
石家庄友谊支行
2014.02.01
转讫
汇入行签章

支付密码

附加信息及用途：货款

复核：　　　记账：

此联是汇入行给收款人的收账通知

2. 2 月 1 日，收出租门面房押金 10 000 元。

附表 2-2-1　　　　　　　　　门面房出租协议

### 门面房出租协议

第一条　本合同的各方为：

甲方：石家庄市仁华纺织有限公司（以下简称甲方）。法定地址：石家庄市友谊大街 181 号。法人代表：陈凯华。

乙方：利达五金电器商行（以下简称乙方）。法定地址：石家庄市桥西区和平路 53 号。法人代表：刘立永。

第二条　甲方将拥有的门面房 150 平方米出租给乙方。租期 3 年，到期后乙方有优先租赁权。

第三条　租金每月 3 000 元，每月月底支付。

第四条　为保证乙方履行义务，甲方在合同签订日收取乙方押金 10 000 元，合同期满后归还乙方。

……

第八条　本合同自签订之日起生效。

甲方（公章）：石家庄仁华纺织有限公司　　　　乙方：利达五金电器商行

甲方代表（签字）：陈凯华　　　　　　　　　乙方代表（签字）：刘立永

2014 年 2 月 1 日　　　　　　　　　　　　　2014 年 2 月 1 日

附表 2-2-2　　　　**中国工商银行　进账单（收账通知）**　**3**

2014 年 2 月 1 日　　　　　　　　　　第 25 号

| 出票人 | 全称 | 利达五金电器商行 | 收款人 | 全称 | 石家庄仁华纺织有限公司 |
|---|---|---|---|---|---|
| | 账号 | 68468123405 | | 账号 | 0018-0015-8687 |
| | 开户银行 | 石家庄工行营业部 | | 开户银行 | 石家庄工商银行友谊支行 |

| 人民币（大写）壹万元整 | | 千 | 百 | 十 | 万 | 千 | 百 | 十 | 元 | 角 | 分 |
|---|---|---|---|---|---|---|---|---|---|---|---|
| | | | | | ¥ | 1 | 0 | 0 | 0 | 0 | 0 |

| 票据种类 | 转账支票 | 票据张数 | 1张 |
|---|---|---|---|
| 票据号码 | 3567 | | |

中国工商银行
石家庄友谊支行
2014.02.01
转讫

复核：　　　记账：　　　　　　　　　开户银行盖章

此联是收款人开户银行交持票人的回单

3. 2月2日，从山东森达纺织有限公司购入涤棉 45 支纱 35 000 千克，单价 18.50 元，价税合计 757 575 元，对方代垫运费 2 220 元（含税），收到托收凭证承付货款。

附表 2-3-1　　　　　山东省增值税专用发票　　　No.37360556

3700121140　　　　　　　　　　　开票期：2014 年 2 月 1 日

山东省统一发票监制章
山东发票联
国家税务总局监制

| 购货单位 | 名　　　称：石家庄仁华纺织有限公司 | 密码区 | 略 |
|---|---|---|---|
| | 纳税人识别号：440122312560623 | | |
| | 地址、电话：友谊大街 181 号 0311-83636336 | | |
| | 开户行及账号：工行友谊支行 0018-0015-8687 | | |

| 货物或应税劳务名称 | 规格型号 | 单位 | 数量 | 单价 | 金额 | 税率 | 税额 |
|---|---|---|---|---|---|---|---|
| 涤棉纱 | 45 支 | 千克 | 35000 | 18.50 | 647500.00 | 17% | 110075.00 |
| 合　计 | | | | | 647500.00 | | 110075.00 |

| 价税合计（大写） | ⊗柒拾伍万柒仟伍佰柒拾伍元整 | （小写）¥757575.00 |
|---|---|---|

| 销货单位 | 名　　　称：山东森达纺织有限公司 | 注 |
|---|---|---|
| | 纳税人识别号：234567891234567 | |
| | 地址、电话：济南泉城路 67 号 0531-78934453 | |
| | 开户行及账号：工行槐中办 12-8425-331 | |

山东森达纺织有限公司
发票专用章
税号：234567891234567

收款人：　　　复核：　　　开票人：汪华　　　销货单位（章）：

第二联　发票联　购货方记账凭证

附表 2 - 3 - 2　　　　　山东省增值税专用发票　　　　　　No.37360556

3700121140　　　　　　　　　　　　　　　　　　开票日期：2014 年 2 月 1 日

| 购货单位 | 名　　称：石家庄仁华纺织有限公司<br>纳税人识别号：440122312560623<br>地址、电话：友谊大街 181 号 0311 - 83636336<br>开户行及账号：工行友谊支行 0018 - 0015 - 8687 | | | | | 密码区 | 略 | |
|---|---|---|---|---|---|---|---|---|
| 货物或应税劳务名称 | 规格型号 | 单位 | 数量 | 单价 | 金额 | 税率 | 税额 |
| 涤棉纱 | 45 支 | 千克 | 35000 | 18.50 | 647500.00 | 17% | 110075.00 |
| 合　计 | | | | | 647500.00 | | 110075.00 |
| 价税合计（大写）　⊗柒拾伍万柒仟伍佰柒拾伍元整　　　（小写）￥757575.00 | | | | | | | |
| 销货单位 | 名　　称：山东森达纺织有限公司<br>纳税人识别号：234567891234567<br>地址、电话：济南泉城路 67 号 0531 - 78934452<br>开户行及账号：工行槐中办 12 - 8425 - 331 | | | | | 备注<br>发票专用章<br>税号：234567891234567 | | |

收款人：　　　　复核：　　　　开票人：汪华　　　　　　销货单位（章）：

附表 2 - 3 - 3　　　　中国工商银行　托收凭证（付款通知）　5　　　No.0234532

委托日期：2014 年 2 月 1 日　　　　　　　付款期限：2014 年 2 月 2 日

| 业务类型 | 委托收款（□邮划，□电划） | | | 托收承付（☑邮划，□电划） | | | | | | | | | | |
|---|---|---|---|---|---|---|---|---|---|---|---|---|---|---|
| 付款人 | 全称 | 石家庄仁华纺织有限公司 | | 收款人 | 全称 | 山东森达纺织有限公司 | | | | | | | | |
| | 账号 | 0018 - 0015 - 8687 | | | 账号 | 12 - 8425 - 331 | | | | | | | | |
| | 地址 | 河北省石家庄市县 | 开户行 | 工行友谊支行 | | 地址 | 山东省济南市县 | 开户行 | 工行槐中办 | | | | | |
| 金额 | 人民币<br>（大写）　柒拾伍万玖仟柒佰玖拾伍元整 | | | | | 千 | 百 | 十 | 万 | 千 | 百 | 十 | 元 | 角 | 分 |
| | | | | | | | ￥ | 7 | 5 | 9 | 7 | 9 | 5 | 0 | 0 |
| 款项内容 | 货款 | 托收凭证名称 | 托收承付结算凭证 | 附寄单据张数 | | 3 张 | | | | | | | | |
| 商品发运情况 | | 已发出 | | 合同名称号码 | | | | | | | | | | |

| 备注：<br>代垫运费 2 220.00 元<br><br><br>付款人开户银行收到日期<br>　　　年　月　日 | 上述款项已划回收入你方账户内<br><br>中国工商银行<br>石家庄友谊支行<br>2014.02.01<br>转讫<br><br>收款人开户银行签章<br>　　　年　月　日 | 付款人注意：<br>1. 根据支付结算办法，上列托收款项，在付期限内未提出拒付，即视为同意付款。以此联代付款通知。<br>2. 如需提出全部或部分拒付，应在承付期限内将拒付理由书并附债务证明送银行办理。 |
|---|---|---|

第三联　抵扣联　购货方扣税凭证

此联是付款人开户银行给付款人按期付款通知

附表 2-3-4
3700121140

货物运输业增值税专用发票

No.87652321

开票日期：2014 年 2 月 2 日

| 承运人及<br>纳税人识别号 | 山东济南平安运输公司<br>230122312560733 | | 略 | |
|---|---|---|---|---|
| 实际受票方及<br>纳税人识别号 | 石家庄仁华纺织有限公司<br>440122312560623 | | | |
| 收货人及<br>纳税人识别号 | 石家庄仁华纺织有限公司<br>440122312560623 | 发货人及<br>纳税人识别号 | 山东森达纺织有限公司<br>234567891234567 | |
| 起运地、经由、到达地 | 山东济南 — 河北石家庄 | | | |

| 费用项目及金额 | 费用项目 | 金额 | 费用项目 | 金额 | 运输货物信息 | 棉纱 |
|---|---|---|---|---|---|---|
| | 运费 | 2000.00 | | | | |

| 合计金额 | ￥2000.00 | 税率 | 11% | 税额 | ￥220.00 | 机器编号 | |
|---|---|---|---|---|---|---|---|
| 价税合计（大写） | 贰仟贰佰贰拾元整 | | | | | | |
| 车种车号 | | 汽车 | 车船吨位 | | | 备注 | |
| 主管税务机关<br>及代码 | 济南国家税务局<br>261233220 | | | | | | |

税号：230122312560733

收款人：　　　　复核人：　　　　开票人：李丽　　　承运人：（章）

第二联　发票联　受票方记账凭证

---

附表 2-3-5
3700121140

货物运输业增值税专用发票

No.87652321

开票日期：2014 年 2 月 2 日

| 承运人及<br>纳税人识别号 | 山东济南平安运输公司<br>230122312560733 | | 略 | |
|---|---|---|---|---|
| 实际受票方及<br>纳税人识别号 | 石家庄仁华纺织有限公司<br>440122312560623 | | | |
| 收货人及<br>纳税人识别号 | 石家庄仁华纺织有限公司<br>440122312560623 | 发货人及<br>纳税人识别号 | 山东森达纺织有限公司<br>234567891234567 | |
| 起运地、经由、到达地 | 山东济南 — 河北石家庄 | | | |

| 费用项目及金额 | 费用项目 | 金额 | 费用项目 | 金额 | 运输货物信息 | 棉纱 |
|---|---|---|---|---|---|---|
| | 运费 | 2000.00 | | | | |

| 合计金额 | ￥2000.00 | 税率 | 11% | 税额 | ￥220.00 | 机器编号 | |
|---|---|---|---|---|---|---|---|
| 价税合计（大写） | 贰仟贰佰贰拾元整 | | | | | | |
| 车种车号 | | 汽车 | 车船吨位 | | | 备注 | |
| 主管税务机关<br>及代码 | 济南国家税务局<br>261233220 | | | | | | |

税号：230122312560733

收款人：　　　　复核人：　　　　开票人：李丽　　　承运人：（章）

第三联　抵扣联　受票方扣税凭证

附表 2-3-6

**收料单**

2014 年 2 月 2 日

N o. 045322

| 供货单位：山东森达纺织有限公司 | | | | | | | | 实际成本 | | | | | | | | | |
|---|---|---|---|---|---|---|---|---|---|---|---|---|---|---|---|---|---|
| 编号 | 材料名称 | 规格 | 送验数量 | 实收数量 | 单位 | 单价 | 运杂费 | 金额 | | | | | | | | | |
| | | | | | | | | 千 | 百 | 十 | 万 | 千 | 百 | 十 | 元 | 角 | 分 |
| 001 | 涤棉纱 | 45 支 | 35 000 | 35 000 | 千克 | 18.50 | 2 000 | | | 6 | 4 | 9 | 5 | 0 | 0 | 0 | 0 |
| | | | | | | | | | | | | | | | | | |
| | | | | | | | | | | | | | | | | | |
| 合　计 | | | | | | | | ¥ | 6 | 4 | 9 | 5 | 0 | 0 | 0 | 0 | |
| 实际单位成本：¥18.56 | | | | | | | | 附单据 3 张 | | | | | | | | | |

主管：　　　会计：　　　保管：冯磊　　　复核　　　验收：张志强

第三联　给财务科

4. 2 月 2 日，生产涤棉平布和涤棉斜纹布领用涤棉 45 支纱 25 000 千克，PVA 浆料 1800 千克；车间领用机油 20 千克。

附表 2-4-1

**领料单**

领用单位：生产车间　　　　2014 年 2 月 2 日　　　　凭证编号：021

用　途：生产产品　　　　　　　　　　　　　　　　发料仓库：1 号

| 材料编号 | 材料名称 | 规格 | 计量单位 | 数量 | | 单价 | 金额 |
|---|---|---|---|---|---|---|---|
| | | | | 请领 | 实发 | | |
| 001 | 涤棉纱 | 45 支 | 千克 | 25 000 | 25 000 | | |
| | | | | | | | |
| | | | | | | | |
| 合　计 | | | | | | | |
| 备　注 | | | | | | 附单据　张 | |

领料人：张兵　　　发料人：冯磊　　　领料部门负责人：赵小刚

第三联　给财务科

附表 2-4-2

**材料费用分配表**

原材料名称：涤棉 45 支纱　　　2014 年 2 月 2 日

| 受益产品名称 | 产品产量 | 单位消耗定额 | 定额消耗量 | 分配率 | 分配材料金额 |
|---|---|---|---|---|---|
| 涤棉平布 | | | | | |
| 涤棉斜纹 | | | | | |
| 合　计 | | | | | |

主管：　　　会计：　　　复核：　　　制表：

**附表 2 - 4 - 3**　　　　　　　　　　　　　**领料单**

领用单位：生产车间　　　　　2014 年 2 月 2 日　　　　　凭证编号：022

用　　途：生产产品　　　　　　　　　　　　　　　　　　发料仓库：1 号

| 材料编号 | 材料名称 | 规格 | 计量单位 | 数量 | | 单价 | 金额 |
| | | | | 请领 | 实发 | | |
|---|---|---|---|---|---|---|---|
| 002 | PVA 浆料 | | 千克 | 1 800 | 1 800 | | |
| | | | | | | | |
| | | | | | | | |
| 合　计 | | | | | | | |
| 备　注 | | | | | | 附单据　张 | |

领料人：张兵　　　　发料人：冯磊　　　　领料部门负责人：赵小刚

**附表 2 - 4 - 4**　　　　　　　　　　**材料费用分配表**

原材料名称：45 支纱　　　　　2014 年 2 月 2 日

| 受益产品名称 | 产品产量 | 单位消耗定额 | 定额消耗量 | 分配率 | 分配材料金额 |
|---|---|---|---|---|---|
| 涤棉平布 | | | | | |
| 涤棉斜纹 | | | | | |
| 合　计 | | | | | |

主管：　　　　会计：　　　　　复核：　　　　　　制表：

**附表 2 - 4 - 5**　　　　　　　　　　　　　**领料单**

领用单位：生产车间　　　　　2014 年 2 月 2 日　　　　　凭证编号：023

用　　途：一般耗用　　　　　　　　　　　　　　　　　　发料仓库：1 号

| 材料编号 | 材料名称 | 规格 | 计量单位 | 数量 | | 单价 | 金额 |
| | | | | 请领 | 实发 | | |
|---|---|---|---|---|---|---|---|
| 011 | 机油 | | 千克 | 20 | 20 | | |
| | | | | | | | |
| | | | | | | | |
| 合　计 | | | | | | | |
| 备　注 | | | | | | 附单据　张 | |

领料人：张兵　　　　发料人：冯磊　　　　领料部门负责人：赵小刚

5.2 月 3 日，偿还上海东方化工厂货款 89 415 元。

附表 2 - 5 - 1 　　　　中国工商银行　信汇凭证（回单）　　**1**

委托日期 2014 年 2 月 3 日　　　　　　　N o.00461255

| 汇款人 | 全称 | 石家庄仁华纺织有限公司 | 收款人 | 全称 | 上海东方化工有限公司 | | | | | | | | | | |
|---|---|---|---|---|---|---|---|---|---|---|---|---|---|---|---|
| | 账号 | 0018 - 0015 - 8687 | | 账号 | 58 - 8425 - 531 | | | | | | | | | | |
| | 汇出地点 | 河北省石家庄市/县 | | 汇入地点 | 省 上海 市/县 | | | | | | | | | | |
| | 汇出行名称 | 工行友谊支行 | | 汇入行名称 | 上海工行大华办 | | | | | | | | | | |

| 金额 | 人民币（大写）捌万玖仟肆佰壹拾伍元整 | 亿 | 千 | 百 | 十 | 万 | 千 | 百 | 十 | 元 | 角 | 分 |
|---|---|---|---|---|---|---|---|---|---|---|---|---|
| | | | | | ¥ | 8 | 9 | 4 | 1 | 5 | 0 | 0 |

中国工商银行
石家庄友谊支行
2014.02.03
转讫

支付密码

附加信息及用途：货款
款已从你单位账户汇出

汇出行签章　　　　　　复核：　　记账：

此联是汇出行给汇款人的回单

6.2 月 3 日，从五金商城购入维修工具 40 套，单价 50 元；机油 100 千克，单价 13 元；黄油 50 千克，单价 10 元。转账支票支付。货物已入库。

附表 2 - 6 - 1 　　　　　　　　转账支票存根

中国工商银行

转账支票存根

支票号码：00002454

附加信息：＿＿＿＿＿＿＿＿

出票日期：2014 年 02 月 03 日

收款人：石家庄五金商城

金　额：￥3800.00

用　途：购货款

单位主管：　会计：苏洋

**附表 2-6-2**

石家庄市商业零售统一发票

发票联

购货单位：石家庄市仁华纺织有限公司　　　　　　　　2014 年 2 月 3 日

| 品名及名称 | 规格 | 单位 | 数量 | 单价 | 金额 | | | | | | |
|---|---|---|---|---|---|---|---|---|---|---|---|
| | | | | | 万 | 千 | 百 | 十 | 元 | 角 | 分 |
| 维修工具 | | 套 | 40 | 50 | | 2 | 0 | 0 | 0 | 0 | 0 |
| 机油 | | | 100 | 13 | | 1 | 3 | 0 | 0 | 0 | 0 |
| 黄油 | | 千克 | 50 | 10 | | | 5 | 0 | 0 | 0 | 0 |
| 金额合计（大写）叁仟捌佰元整 | | | | （小写）￥3800.00 | | | | | | | |
| 备注 | | | | | | | | | | | |

开票单位盖章：　　　　　复核人：　　　　　　　　开票人：刘海

②付款方报销凭证

**附表 2-6-3**

收料单

2014 年 2 月 3 日　　　　　　　　　　　　　　No.045323

| 编号 | 材料名称 | 规格 | 送验数量 | 实收数量 | 单位 | 单价 | 运杂费 | 实际成本 | | | | | | | | |
|---|---|---|---|---|---|---|---|---|---|---|---|---|---|---|---|
| | | | | | | | | 金额 | | | | | | | |
| | | | | | | | | 千 | 百 | 十 | 万 | 千 | 百 | 十 | 元 | 角 | 分 |
| 011 | 机油 | | 100 | 100 | 千克 | 13 | | | | | | 1 | 3 | 0 | 0 | 0 | 0 |
| 012 | 黄油 | | 50 | 50 | 千克 | 10 | | | | | | | 5 | 0 | 0 | 0 | 0 |
| 102 | 维修工具 | | 40 | 40 | 套 | 50 | | | | | | 2 | 0 | 0 | 0 | 0 | 0 |
| 合　计 | | | | | | | | | | | ￥ | 3 | 8 | 0 | 0 | 0 | 0 |
| 实际单位成本： | | | | | | | | 附单据3张 | | | | | | | | |

主管：　　　会计：　　　保管：冯磊　　　复核：　　　验收：张志强

第三联　给财务科

7.2月4日，销售给无锡兴隆印染厂涤棉平布250 000米，单价6.5元，价税合计1 901 250元，款已收到。

附表2-7-1

河北省增值税专用发票

No. 06320238

1300121140　　　此联不作报销　扣税凭证

开票日期：2014年2月4日

| 购货单位 | 名　　　　称：无锡兴隆印染厂<br>纳税人识别号：477755849302234<br>地址、电话：无锡红星路3号 0510-62829877<br>开户行及账号：无锡市工行富强办 47-4938-997 | | | | | 密码区 | | 略 | |

| 货物或应税劳务名称 | 规格型号 | 单位 | 数量 | 单价 | 金额 | 税率 | 税额 |
|---|---|---|---|---|---|---|---|
| 涤棉平布 | 幅宽1.6 | 米 | 25000 | 6.50 | 1625000.00 | 17% | 276250.00 |
| 合　计 | | | | | 1625000.00 | | 276250.00 |

| 价税合计（大写） | ⊗壹佰玖拾万壹仟贰佰伍拾元整 | （小写）￥1901250.00 |

| 销货单位 | 名　　　　称：石家庄仁华纺织有限公司<br>纳税人识别号：440122312560623<br>地址、电话：石家庄友谊大街181号 0311-83636336<br>开户行及账号：工行友谊支行 0018-0015-8687 | 备<br>税号：440122312560623 |

收款人：　　　　复核：　　　　开票人：李立明　　　　销货单位（章）：

第一联 记账联 销货方记账凭证

附表2-7-2

**产品出库单**

2014年2月4日　　　　　　　　　　　第17号

| 类别 | 名称及规格 | 单位 | 数量 | | 单位成本 | 金额 | | | | | | | 附注 |
|---|---|---|---|---|---|---|---|---|---|---|---|---|---|
| | | | 请购 | 实发 | | 十万 | 千 | 百 | 十 | 元 | 角 | 分 | |
| 主要产品 | 涤棉平布 | 米 | 250 000 | 250 000 | | | | | | | | | |
| | | | | | | | | | | | | | |
| | | | | | | | | | | | | | |
| | | | | | | | | | | | | | |
| 合　计 | | | | | | | | | | | | | |

会计：　　　仓库主管：　　　保管：冯磊　　　经手：　　　制单：李全友

附单据　　张

附表 2-7-3　　　　中国银行　电汇凭证（收账通知）　　　4

□普通　☑加急　　委托日期 2014 年 2 月 4 日

| 汇款人 | 全称 | 无锡兴隆印染厂 | 收款人 | 全称 | 石家庄仁华纺织有限公司 |
| | 账号 | 47-4938-997 | | 账号 | 0018-0015-8687 |
| | 汇出地点 | 江苏省无锡市 | | 汇入地点 | 河北省石家庄市 |
| | 汇出行名称 | 无锡市工行富强办 | | 汇入行名称 | 工行石家庄友谊支行 |

| 金额 | 人民币（大写）壹佰玖拾万壹仟贰佰伍拾元整 | 亿 | 千 | 百 | 十 | 万 | 千 | 百 | 十 | 元 | 角 | 分 |
| | | | ￥ | 1 | 9 | 0 | 1 | 2 | 5 | 0 | 0 | 0 |

款项已收入收款人账户

中国工商银行
石家庄友谊支行
2014.02.04
转讫

| 支付密码 | |
| 附加信息及用途：货款 | |
| 汇入行签章 | 复核：　　记账： |

此联是汇入行给收款人的收账通知

8.2 月 5 日，上交上月税金及附加（税收缴款书应为税务部门机打，由于实训中上月税额需计算，因此请根据上月计算结果填制）。

附表 2-8-1

**中华人民共和国**

**增值税税收缴款书**

填发日期：2014 年 2 月 5 日　　　收入机关：石家庄税务局

| 缴款单位 | 代码 | 440122312560623 | 预算科目 | 款项 | 增值税 |
| | 全称 | 石家庄仁华纺织有限公司 | | 级次 | 市级 |
| | 开户银行 | 工商银行友谊支行 | | 收款国库 | 中心支库 |
| | 账号 | 0018-0015-8687 | | | |

| 税款所属时期：2014 年 1 月 1 日 | 税款限缴日期：2014 年 1 月 31 日 |

| 品目名称 | 课税数量 | 计税金额或销售收入 | 税率或单位税额 | 已缴或扣除额 | 实缴金额 | | | | | | | |
| | | | | | 百 | 十 | 万 | 千 | 百 | 十 | 元 | 角 | 分 |
| 增值税 | | | | | | | | | | | | | |
| | | | | | | | | | | | | | |

金额合计　人民币（大写）　　仟　　佰　　拾　　元　角　分

（缴款单位财务专用章）　（税务机关税务专用章）

中国工商银行
石家庄友谊支行
2014.02.05
转讫

上列款项已收妥并划转收款单位账户

国库（银行）　　盖章 2014 年 2 月 5 日

附表 2 - 8 - 2

## 中华人民共和国
## 个人所得税税收缴款书

填发日期：2014 年 2 月 5 日          收入机关：石家庄税务局

| 缴款单位 | 代码 | 440122312560623 | | | | 预算科目 | 款项 | 个人所得税 |
|---|---|---|---|---|---|---|---|---|
| | 全称 | 石家庄仁华纺织有限公司 | | | | | 级次 | 市级 |
| | 开户银行 | 工商银行友谊支行 | | | | | 收款国库 | 中心支库 |
| | 账号 | 0018 - 0015 - 8687 | | | | | | |

| 税款所属时期：2014 年 1 月 1 日 | | | | 税款限缴日期：2014 年 1 月 31 日 | | | | | | | | |

| 品目名称 | 课税数量 | 计税金额 | 税率 | 已缴或扣除额 | 实缴金额 | | | | | | | |
|---|---|---|---|---|---|---|---|---|---|---|---|---|
| | | | | | 百 | 十 | 万 | 千 | 百 | 十 | 元 | 角 | 分 |
| 个人所得税 | | | | | | | | | | | | |
| | | | | | | | | | | | | |
| | | | | | | | | | | | | |
| 合　计 | | | | | | | | | | | | |

金额合计（大写）仟　佰　拾　万　仟　佰　拾　元　角　分

缴款单位
财务专用章
（盖章）

税务机关专用章
（盖章）

上列款项已收妥并划转收款单位账户
国库（银行）盖章 2014 年 2 月 5 日

中国工商银行
石家庄友谊支行
2014.02.05
转讫

附表 2 - 8 - 3　　　　　　　　　　中华人民共和国

### 税收（城市维护建设税专用）缴款书

填发日期：2014 年 2 月 5 日　　　　收入机关：石家庄税务局

| 缴款单位 | 代码 | 440122312560623 | 预算科目 | 款项 | 城建税 | | | | | | | | |
|---|---|---|---|---|---|---|---|---|---|---|---|---|---|
| | 全称 | 石家庄仁华纺织有限公司 | | 级次 | 市级 | | | | | | | | |
| | 开户银行 | 工商银行友谊支行 | | 收款国库 | 中心支库 | | | | | | | | |
| | 账号 | 0018 - 0015 - 8687 | | | | | | | | | | | |

| 税款所属时期：2014 年 1 月 1 日 | | 税款限缴日期：2014 年 1 月 31 日 | | | | | | | | | | |
|---|---|---|---|---|---|---|---|---|---|---|---|---|

| 计征金额 | | 征收比例 | 实缴金额 | | | | | | | | |
|---|---|---|---|---|---|---|---|---|---|---|---|
| 项目名称 | 计征金额 | | 百 | 十 | 万 | 千 | 百 | 十 | 元 | 角 | 分 |
| 增值税 | | 7% | | | | | | | | | |
| 消费税 | | | | | | | | | | | |
| 营业税 | | | | | | | | | | | |
| 合　计 | | | | | | | | | | | |

金额合计（大写）仟　佰　拾　万　仟　佰　拾　元　角　分

| 缴款单位财务专用章（盖章） | 税务机关专用章（盖章） | 上列款项已收妥并划转收款单位账户<br>国库（银行）盖章 2014 年 2 月 5 日 |
|---|---|---|

中国工商银行
石家庄友谊支行
2014.02.05
转讫

附表 2 - 8 - 4

中华人民共和国
税收（教育费附加专用）缴款书

填发日期：2014 年 2 月 5 日　　　　收入机关：石家庄税务局

| 缴款单位 | 代码 | 440122312560623 | 预算科目 | 款项 | 教育费附加 | | | | | | | | |
|---|---|---|---|---|---|---|---|---|---|---|---|---|---|
| | 全称 | 石家庄仁华纺织有限公司 | | 级次 | 市级 | | | | | | | | |
| | 开户银行 | 工商银行友谊支行 | | 收款国库 | 中心支库 | | | | | | | | |
| | 账号 | 0018 - 0015 - 8687 | | | | | | | | | | | |

税款所属时期 2014 年 1 月 1 日　　　　　　税款限缴日期 2014 年 1 月 31 日

| 计征金额 | | 征收比例 | 实缴金额 | | | | | | | | |
|---|---|---|---|---|---|---|---|---|---|---|---|
| 项目名称 | 计征金额 | | 百 | 十 | 万 | 千 | 百 | 十 | 元 | 角 | 分 |
| 增值税 | | 3% | | | | | | | | | |
| 消费税 | | | | | | | | | | | |
| 营业税 | | | | | | | | | | | |
| 合　计 | | | | | | | | | | | |

金额合计（大写）　仟　佰　拾　万　仟　佰　拾　元　角　分

| 缴款单位<br>（盖章） | 税务机关<br>（盖章） | 国库（银行） | 中国工商银行<br>石家庄友谊支行<br>2014.02.05<br>转讫<br>上列款项已收妥并划转收款单位账户<br>盖章 2014 年 2 月 5 日 |
|---|---|---|---|

9.2月5日，从上海东方化工厂购入浆料5 000千克，单价15.50元，价税合计90 675元，运费1 665元，材料收到，款未付。

附表2-9-1

上海市增值税专用发票

3100122140

No.17330258

开票日期：2014年2月3日

| 购货单位 | 名　　称：石家庄仁华纺织有限公司 | | | | 密码区 | | 略 | | |
| | 纳税人识别号：440122312560623 | | | | | | | | |
| | 地　址、电话：友谊大街181号 0311-83636336 | | | | | | | | |
| | 开户行及账号：工行友谊支行 0018-0015-8687 | | | | | | | | |
| 货物或应税劳务名称 | 规格型号 | 单位 | 数量 | 单价 | 金额 | 税率 | 税额 | | |
| PVA浆料 | | 千克 | 5000 | 15.50 | 77500.00 | 17% | 13175.00 | | |
| 合　计 | | | | | 77500.00 | | 13175.00 | | |
| 价税合计（大写） | ⊗玖万零陆佰柒拾伍元整 | | | （小写）￥90675.00 | | | | | |
| 销货单位 | 名　　称：上海东方化工有限公司 | | | | | 备 | | | |
| | 纳税人识别号：588992325069854 | | | | | | | | |
| | 地　址、电话：上海市北京路6号 021-69833352 | | | | | 发票专用章 | | | |
| | 开户行及账号：上海工行大华办 58-8425-531 | | | | 税号：588992325069854 | | | | |

收款人：　　　　复核：　　　　开票人：李长江　　　　销货单位（章）：

第二联　发票联　购货方记账凭证

附表 2－9－2

上海市增值税专用发票    No.17330258

3100122140

开票日期：2014 年 2 月 3 日

| 购货单位 | 名　称：石家庄仁华纺织有限公司 | | | | | | | | 密码区 | 略 | |
| | 纳税人识别号：440122312560623 | | | | | | | | | | |
| | 地址、电话：友谊大街 181 号 0311－83636336 | | | | | | | | | | |
| | 开户行及账号：工行友谊支行 0018－0015－8687 | | | | | | | | | | |

| 货物或应税劳务名称 | 规格型号 | 单位 | 数量 | 单价 | 金额 | 税率 | 税额 |
|---|---|---|---|---|---|---|---|
| PVA 浆料 | | 千克 | 5000 | 15.50 | 77500.00 | 17％ | 13175.00 |
| 合　计 | | | | | 77500.00 | | 13175.00 |

| 价税合计（大写） | ⊗玖万零陆佰柒拾伍元整　　　　　（小写）￥90675.00 |
|---|---|

| 销货单位 | 名　称：上海东方化工有限公司 | 备 |
| | 纳税人识别号：588992325069854 | |
| | 地址、电话：上海市北京路 6 号 021－69883352 | 发票专用章 |
| | 开户行及账号：上海工行大华办 58－8425－521 | 税号：588992325069854 |

收款人：　　　复核：　　　开票人：李长江　　　销货单位（章）：

---

附表 2－9－3

货物运输业增值税专用发票    No.87652388

3100134142

开票日期：2014 年 2 月 5 日

| 承运人及纳税人识别号 | 上海阳达运输公司 255678989801232 | | | 密码区 | 略 | |
|---|---|---|---|---|---|---|
| 实际受票方及纳税人识别号 | 石家庄仁华纺织有限公司 440122312560623 | | | | | |
| 收货人及纳税人识别号 | 石家庄仁华纺织有限公司 440122312560623 | | 发货人及纳税人识别号 | 上海东方化工有限公司 588992325069854 | | |
| 起运地、经由、到达地 | | 上海 — 河北石家庄 | | | | |

| 费用项目及金额 | 费用项目 | 金额 | 费用项目 | 金额 | 运输货物信息 | 浆料 |
|---|---|---|---|---|---|---|
| | 运费 | 1500.00 | | | | |
| | 合计金额 | ￥1500.00 | 税率 | 11％ | 税额　￥165.00 | 税控器编号 |
| | 价税合计（大写） | 壹仟陆佰陆拾伍元整 | | | （小写）￥1665.00 | |
| | 车种车号 | 汽车 | 车船吨位 | | 发票专用章 | |
| | 主管税务机关及代码 | 上海国家税务局 871233220 | | | 税号：255678989801232 | |

收款人：　　　复核人：　　　开票人：王娜　　　承运人：（章）

附表 2-9-4　　　　货物运输业增值税专用发票　　　　No.87652388

3100134142　　　　　　　　　　　　　　　　　　　开票日期：2014年2月5日

| 承运人及 | 上海阳达运输公司 | | | | 略 |
| 纳税人识别号 | 255678989801232 | | | | |
| 实际受票方及 | 石家庄仁华纺织有限公司 | | | | |
| 纳税人识别号 | 440122312560623 | | | | |
| 收货人及 | 石家庄仁华纺织有限公司 | | 发货人及 | 上海东方化工有限公司 | |
| 纳税人识别号 | 440122312560623 | | 纳税人识别号 | 588992325069854 | |
| 起运地、经由、到达地 | | | 上海 — 河北石家庄 | | |

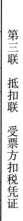

| 费用项目及金额 | 费用项目 | 金额 | 费用项目 | 金额 | 运输货物信息 | 浆料 |
| | 运费 | 1500.00 | | | | |
| 合计金额 | ¥1500.00 | 税率 | 11% | 税额 ¥165.00 | 机器编号 | |
| 价税合计（大写） | 壹仟陆佰陆拾伍元整 | | | （小写）¥1665.00 | | |
| 车种车号 | 汽车 | 车船吨位 | | 备 发票专用章 | | |
| 主管税务机关及代码 | 上海国家税务局 871233220 | | | 税号：255678989801232 | | |

收款人：　　　复核人：　　　开票人：王娜　　　承运人：（章）

附表 2-9-5　　　　　　　　　收料单

2014年2月5日　　　　　　　　　　　　　No.045322

| 供货单位：上海东方化工有限公司 | | | | | | | 实际成本 | | | | | | | | | |
| 编号 | 材料名称 | 规格 | 送验数量 | 实收数量 | 单位 | 单价 | 运杂费 | 金额 | | | | | | | | |
| | | | | | | | | 千 | 百 | 十 | 万 | 千 | 百 | 十 | 元 | 角 | 分 |
| 002 | PVA浆料 | | 5 000 | 5 000 | 千克 | 15.50 | 1 500 | | | | 7 | 9 | 0 | 0 | 0 | 0 | 0 |
| 合　计 | | | | | | | | | | ¥ | 7 | 9 | 0 | 0 | 0 | 0 | 0 |
| 实际单位成本：¥15.50 | | | | | | | 附单据3张 | | | | | | | | | |

主管：　　　会计：　　　保管：冯磊　　　复核：　　　验收：张志强

10.2 月 6 日，以现金购买办公用品 500 元。

附表 2 - 10 - 1　　　　　**石家庄市商业零售统一发票**

客户名称：石家庄仁华纺织有限公司　　2014 年 2 月 6 日　　　　No. 6758388

| 品名规格 | 单位 | 数量 | 单价 | 满万元 | 金额 | | | | | |
|---|---|---|---|---|---|---|---|---|---|---|
| | | | | | 千 | 百 | 十 | 元 | 角 | 分 |
| 打印纸 | 包 | 25 | 20 | | 5 | 0 | 0 | 0 | 0 | |
| | | | | | | | | | | |
| | | | | | 5 | 0 | 0 | 0 | 0 | |

合计金额（大写）⊗仟佰零拾零元零角零分

填票人：张丽　　　　收款人：李艳　　　　单位名称：（章）

现金付讫

11.2 月 8 日，生产产品领用涤棉 45 支纱 38 000 千克，浆料 2 660 千克。

附表 2 - 11 - 1　　　　　**领料单**

领用单位：生产车间　　　　2014 年 2 月 8 日　　　　凭证编号：025

用　　途：生产产品　　　　　　　　　　　　　　　发料仓库：1 号

| 材料编号 | 材料名称 | 规格 | 计量单位 | 数量 | | 单价 | 金额 |
|---|---|---|---|---|---|---|---|
| | | | | 请领 | 实发 | | |
| 011 | 涤棉纱线 | 45 支纱 | 千克 | 38 000 | 38 000 | | |
| | | | | | | | |
| | | | | | | | |
| 合　计 | | | | | | | |
| 备　注 | | | | | | 附单据　张 | |

领料人：张兵　　　　发料人：冯磊　　　　领料部门负责人：赵小刚

附表 2 - 11 - 2　　　　　**材料费用分配表**

原材料名称：涤棉 45 支纱　　　2014 年 2 月 8 日

| 受益产品名称 | 产品产量 | 单位消耗定额 | 定额消耗量 | 分配率 | 分配材料金额 |
|---|---|---|---|---|---|
| 涤棉平布 | | | | | |
| 涤棉斜纹 | | | | | |
| 合　计 | | | | | |

主管：　　　会计：　　　　复核：　　　　　　制表：

**附表 2-11-3**　　　　　　　　　　　　**领料单**

领用单位：生产车间　　　　　　2014 年 2 月 8 日　　　　　凭证编号：026

用　　途：生产产品　　　　　　　　　　　　　　　　　发料仓库：1 号

| 材料编号 | 材料名称 | 规格 | 计量单位 | 数量 | | 单价 | 金额 |
| --- | --- | --- | --- | --- | --- | --- | --- |
| | | | | 请领 | 实发 | | |
| 002 | PVA 浆料 | | 千克 | 2 660 | 2 660 | | |
| | | | | | | | |
| | | | | | | | |
| 合　计 | | | | | | | |
| 备　注 | | | | | | 附单据　张 | |

领料人：张兵　　　　　发料人：冯磊　　　　　领料部门负责人：赵小刚

**附表 2-11-4**　　　　　　　　　**材料费用分配表**

原材料名称：PVA 浆料　　　　2014 年 2 月 8 日

| 受益产品名称 | 产品产量 | 单位消耗定额 | 定额消耗量 | 分配率 | 分配材料金额 |
| --- | --- | --- | --- | --- | --- |
| 涤棉平布 | | | | | |
| 涤棉斜纹 | | | | | |
| 合　计 | | | | | |

主管：　　　　会计：　　　　　复核：　　　　　　制表：

12. 2月9日，机修车间领用工作服7套，黄油15千克。

**附表 2-12-1**　　　　　　　　　　　　**领料单**

领用单位：机修车间　　　　　　2014 年 2 月 8 日　　　　　凭证编号：027

用　　途：一般耗用　　　　　　　　　　　　　　　　　发料仓库：1 号

| 材料编号 | 材料名称 | 规格 | 计量单位 | 数量 | | 单价 | 金额 |
| --- | --- | --- | --- | --- | --- | --- | --- |
| | | | | 请领 | 实发 | | |
| 101 | 工作服 | | 套 | 7 | 7 | | |
| | | | | | | | |
| | | | | | | | |
| 合　计 | | | | | | | |
| 备　注 | | | | | | 附单据　张 | |

领料人：张兵　　　　　发料人：冯磊　　　　　领料部门负责人：赵小刚

附表 2-12-2　　　　　　　　　　　**领料单**

领用单位：机修车间　　　　　　　2014 年 2 月 8 日　　　　　　　凭证编号：028

用　　途：一般耗用　　　　　　　　　　　　　　　　　　　　　发料仓库：1 号

| 材料编号 | 材料名称 | 规格 | 计量单位 | 数量 请领 | 数量 实发 | 单价 | 金额 |
|---|---|---|---|---|---|---|---|
| 012 | 黄油 | | 千克 | 15 | 15 | | |
| | | | | | | | |
| 合　计 | | | | | | | |
| 备　注 | | | | | | 附单据　张 | |

领料人：张兵　　　　　发料人：冯磊　　　　　　　领料部门负责人：赵小刚

13. 2 月 9 日，从河南豫北纺纱厂购进涤棉 45 支纱 50 000 千克，单价 18 元，价税合计 1 053 000 元。收到增值税发票，货款已付，货未到。

附表 2-13-1　　　　　　　河南省增值税专用发票　　　　　　No. 130063489

41000134140　　　　　　　　　　　　　　　　　　开票日期：2014 年 2 月 8 日

| 购货单位 | 名　　　称：石家庄仁华纺织有限公司 纳税人识别号：440122312560623 地址、电话：友谊大街 181 号 0311-83636336 开户行及账号：工行友谊支行 0018-0015-8687 | 密码区 | 略 |
|---|---|---|---|

| 货物或应税劳务名称 | 规格型号 | 单位 | 数量 | 单价 | 金额 | 税率 | 税额 |
|---|---|---|---|---|---|---|---|
| 涤棉 45 支纱 | | 千克 | 50000 | 18.00 | 900000.00 | 17% | 153000.00 |
| 合　计 | | | | | 900000.00 | | 153000.00 |

价税合计（大写）　⊗壹佰零伍万叁仟元整　　　　　　（小写）￥1053 000.00

| 销货单位 | 名　　　称：河南豫北纺纱厂 纳税人识别号：255678989809890 地址、电话：安阳中华街 6 号 0372-59263368 开户行及账号：安阳市工行中华办 25-2402-117 | 备 发票专用章 税号：255678989809890 |
|---|---|---|

收款人：　　　复核：　　　开票人：王燕　　　销货单位（章）：

第三联　给财务科

第二联　发票联　购货方记账凭证

附表 2 - 13 - 2

河南省增值税专用发票

No.130063489

41000134140

开票日期：2014 年 2 月 8 日

| 购货单位 | 名　　称：石家庄仁华纺织有限公司 | | | | 密码区 | 略 | | |
| | 纳税人识别号：440122312560623 | | | | | | | |
| | 地址、电话：友谊大街 181 号 0311 - 83636336 | | | | | | | |
| | 开户行及账号：工行友谊支行 0018 - 0015 - 8687 | | | | | | | |

| 货物或应税劳务名称 | 规格型号 | 单位 | 数量 | 单价 | 金额 | 税率 | 税额 |
|---|---|---|---|---|---|---|---|
| 涤棉 45 支纱 | | 千克 | 50000 | 18.00 | 900000.00 | 17％ | 153000.00 |
| 合　计 | | | | | 900000.00 | | 153000.00 |

| 价税合计（大写） | ⊗壹佰零伍万叁仟元整 | （小写）￥1053000.00 |
|---|---|---|

| 销货单位 | 名　　称：河南豫北纺纱厂 | 备注 |
| | 纳税人识别号：255678989809890 | |
| | 地址、电话：安阳中华街 6 号 0372 - 59263368 | 发票专用章 |
| | 开户行及账号：安阳市工行中华办 25 - 2402 - 117 | 税号：255678989809890 |

收款人：　　复核：　　开票人：王燕　　销货单位（章）：

附表 2 - 13 - 3

中国工商银行　电汇凭证（回单）

☑普通　□加急

委托日期 2014 年 2 月 9 日

No.00325896

| 汇款人 | 全称 | 石家庄仁华纺织有限公司 | 收款人 | 全称 | 河南豫北纺纱厂 |
|---|---|---|---|---|---|
| | 账号 | 0018 - 0015 - 8687 | | 账号 | 25 - 2402 - 117 |
| | 汇出地点 | 河北省石家庄　市/县 | | 汇入地点 | 河南省安阳市/县 |

| 汇出行名称 | 工行友谊支行 | 汇入行名称 | 安阳市工行中华办 |
|---|---|---|---|

| 金额 | 人民币（大写）壹佰零伍万叁仟元整 | 亿 | 千 | 百 | 十 | 万 | 千 | 百 | 十 | 元 | 角 | 分 |
|---|---|---|---|---|---|---|---|---|---|---|---|---|
| | | | ￥ | 1 | 0 | 5 | 3 | 0 | 0 | 0 | 0 | 0 |

中国工商银行
石家庄友谊支行
2014.02.09
转讫

支付密码

附加信息及用途：货款
款已从你单位账户汇出

复核：　　记账：

汇出行签章

第三联　抵扣联　购货方扣税凭证

此联是汇出行给汇款人的回单

14. 2 月 10 日，产品完工入库：涤棉平布 100 000 米，涤棉斜纹 80 000 米。

**附表 2 - 14 - 1**　　　　　　　　　　　**产品入库单**

缴库单位：基本生产车间　　　　　2014 年 2 月 10 日　　　　　凭证编号：015

| 编号 | 名称 | 规格 | 计量单位 | 数量 | 单价 | 金额 | 第二联 送会计部门 |
|------|------|------|----------|------|------|------|------|
| 201 | 涤棉平布 | 幅宽 1.6 | 米 | 100 000 | | | |
| 202 | 涤棉斜纹布 | 幅宽 1.6 | 米 | 80 000 | | | |
| | | | | | | | |
| 合　计 | | | | | | | |

保管：冯磊　　　　　　部门负责人：赵小刚

15. 2 月 10 日，以银行存款发放工资，并代扣款项。

**附表 2 - 15 - 1**　　　　　　　　　　**工资结算汇总表**

2014 年 1 月 31 日

| 部门名称 | | 基本工资 | 各类奖金及补贴 | 应付工资 | 代扣款项 | | | | | 实发工资 |
|---------|---|---------|--------------|---------|---------|---------|---------|---------|---------|---------|
| | | | | | 医疗保险 2% | 养老保险 8% | 失业保险 1% | 住房公积金 7% | 个人所得税 | |
| 基本生产车间 | 生产工人 | 233 600 | 3 100 | 236 700 | 4 734 | 18 936 | 2 367 | 16 569 | | 194 094 |
| | 车间管理人员 | 28 800 | 1 000 | 29 800 | 596 | 2 384 | 298 | 2 086 | | 24 436 |
| | 小　计 | 262 400 | 4 100 | 266 500 | 5 330 | 21 320 | 2 665 | 18 655 | | 218 530 |
| 辅助生产车间 | 机修车间 | 24 200 | 2 000 | 26 200 | 524 | 2 096 | 262 | 1 834 | | 21 484 |
| 行政管理部门 | | 112 400 | 2 800 | 115 200 | 2 304 | 9 216 | 1 152 | 8 064 | 1 000 | 93 464 |
| 销售部门 | | 24 500 | 1 000 | 25 500 | 510 | 2 040 | 255 | 1 785 | 600 | 20 310 |
| 合　计 | | 423 500 | 9 900 | 433 400 | 8 668 | 34 672 | 4 334 | 30 338 | 1 600 | 353 788 |

单位主管：陈凯华　　　　　　审核：张斌　　　　　　制表：陈芳香

附表 2-15-2　　　　　　　　转账支票存根

中国工商银行

转账支票存根

支票号码：01447371

附加信息：＿＿＿＿＿＿＿＿＿＿

＿＿＿＿＿＿＿＿＿＿＿＿＿＿＿＿

出票日期：2014 年 02 月 10 日

| 收款人：石家庄仁华纺织有限公司 |
| 金　额：￥353788．00 |
| 用　途：发放工资 |

单位主管：　　会计：苏洋

16.2 月 11 日，提取现金 1 000 元备用。

附表 2-16-1　　　　　　　　现金支票存根

中国工商银行

现金支票存根

支票号码：21447325

附加信息：＿＿＿＿＿＿＿＿＿＿

＿＿＿＿＿＿＿＿＿＿＿＿＿＿＿＿

出票日期：2014 年 02 月 11 日

| 收款人：石家庄仁华纺织有限公司 |
| 金　额：￥1000．00 |
| 用　途：备用 |

单位主管：　　会计：苏洋

17.2 月 11 日，销售部刘光出差借款 2 000 元，现金付讫。

附表 2 - 17 - 1 　　　　　　　借款借据

借款日期：2014 年 2 月 11 日

| 借款部门 | 销售部 | 借款理由 | 预借差旅费 |
|---|---|---|---|
| 借款金额（大写）贰仟元整 | | | ¥2 000.00 |
| 部门领导意见：同意 | 现金付讫 | 借款人签章：刘光 | |
| 备注： | | | |

借款人留存

18.2 月 12 日，从河南豫北纺纱厂购进的棉纱到货，支付运费 5 550 元。

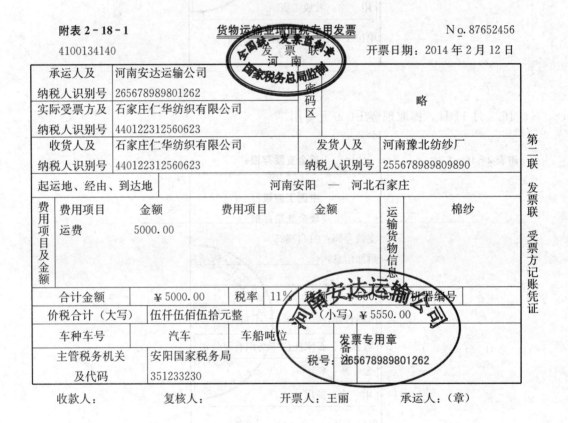

附表 2 - 18 - 1　　　货物运输业增值税专用发票　　　No.87652456

4100134140　　　　　　　　　　　　　　　　开票日期：2014 年 2 月 12 日

| 承运人及 | 河南安达运输公司 | | | |
|---|---|---|---|---|
| 纳税人识别号 | 265678989801262 | | 略 | |
| 实际受票方及 | 石家庄仁华纺织有限公司 | | | |
| 纳税人识别号 | 440122312560623 | | | |
| 收货人及 | 石家庄仁华纺织有限公司 | 发货人及 | 河南豫北纺纱厂 | |
| 纳税人识别号 | 440122312560623 | 纳税人识别号 | 255678989809890 | |
| 起运地、经由、到达地 | | 河南安阳 — 河北石家庄 | | |
| 费用项目及金额 | 费用项目　金额 | 费用项目　金额 | 运输货物信息 | 棉纱 |
| | 运费　　5000.00 | | | |
| 合计金额 | ¥5000.00 | 税率 11% | 税额 | ¥550.00 |
| 价税合计（大写） | 伍仟伍佰伍拾元整 | | （小写）¥5550.00 | |
| 车种车号 | 汽车 | 车船吨位 | 发票专用章 | |
| 主管税务机关及代码 | 安阳国家税务局 351233230 | | 税号：265678989801262 | |

收款人：　　　　复核人：　　　　开票人：王丽　　　　承运人：（章）

第二联　发票联　受票方记账凭证

**附表 2－18－2**　　　　　　货物运输业增值税专用发票　　　　　　Ｎo.87652456

4100134140　　　　　　　　　　　　　　　　　　　开票日期：2014 年 2 月 12 日

| 承运人及 | 河南安达运输公司 | 密 | 略 |
|---|---|---|---|
| 纳税人识别号 | 265678989801262 | 码 | |
| 实际受票方及 | 石家庄仁华纺织有限公司 | 区 | |
| 纳税人识别号 | 440122312560623 | | |

| 收货人及 | 石家庄仁华纺织有限公司 | 发货人及 | 河南豫北纺纱厂 |
|---|---|---|---|
| 纳税人识别号 | 440122312560623 | 纳税人识别号 | 255678989809890 |

| 起运地、经由、到达地 | 河南安阳 － 河北石家庄 | | |
|---|---|---|---|

| 费用项目及金额 | 费用项目 | 金额 | 费用项目 | 金额 | 运输货物信息 | 棉纱 |
|---|---|---|---|---|---|---|
| | 运费 | 5000.00 | | | | |

| 合计金额 | ￥5000.00 | 税率 | 11% | 税额 | ￥550.00 | 批器编号 | |
|---|---|---|---|---|---|---|---|
| 价税合计（大写） | 伍仟伍佰伍拾元整 | | | （小写）￥5550.00 | | | |
| 车种车号 | 汽车 | 车船吨位 | | 发票专用章 | | | |
| 主管税务机关及代码 | 安阳国家税务局<br>351233230 | | | 税号：265678989801262 | 备 | | |

收款人：　　　　复核人：　　　　开票人：王丽　　　　承运人：（章）

---

**附表 2－18－3**　　　　　　中国工商银行　电汇凭证（回单）

☑普通　□加急　　　　委托日期 2014 年 2 月 12 日　　　　Ｎo.00325896

| 汇款人 | 全称 | 石家庄仁华纺织有限公司 | 收款人 | 全称 | 河南安阳安达运输公司 |
|---|---|---|---|---|---|
| | 账号 | 0018－0015－8687 | | 账号 | 025－2402－106 |
| | 汇出地点 | 河北省石家庄 市/县 | | 汇入地点 | 河南省安阳市/县 |
| 汇出行名称 | 工行友谊支行 | | 汇入行名称 | 安阳市工行工农办 | |

| 金额 | 人民币（大写）伍仟伍佰伍拾元整 | 亿 | 千 | 百 | 十 | 万 | 千 | 百 | 十 | 元 | 角 | 分 |
|---|---|---|---|---|---|---|---|---|---|---|---|---|
| | | | | | | | ￥ | 5 | 5 | 5 | 0 | 0 | 0 |

中国工商银行
石家庄友谊支行
2014.02.12
转讫
汇出行签章

| 支付密码 | |
|---|---|
| 附加信息及用途：运费<br>款已从你单位账户汇出 | |

复核：　　　记账：

附表 2 - 18 - 4　　　　　　　　　　**收料单**

2014 年 2 月 12 日　　　　　　　　　　　　Ｎo.045323

| 供货单位：河南豫北纺纱厂 | | | | | | | | 实际成本 | | | | | | | | | |
| --- | --- | --- | --- | --- | --- | --- | --- | --- | --- | --- | --- | --- | --- | --- | --- | --- | --- |
| 编号 | 材料名称 | 规格 | 送验数量 | 实收数量 | 单位 | 单价 | 运杂费 | 金额 | | | | | | | | | |
| | | | | | | | | 千 | 百 | 十 | 万 | 千 | 百 | 十 | 元 | 角 | 分 |
| 001 | 涤棉纱线 | 45 支纱 | 5 000 | 5 000 | 千克 | 18.00 | 5 000 | | | 9 | 0 | 5 | 0 | 0 | 0 | 0 | 0 |
| | | | | | | | | | | | | | | | | | |
| | | | | | | | | | | | | | | | | | |
| 合　　计 | | | | | | | | | ¥ | 9 | 0 | 5 | 0 | 0 | 0 | 0 | 0 |
| 实际单位成本：¥18.10 | | | | | | | | 附单据 3 张 | | | | | | | | | |

主管：　　　　会计：　　　　保管：冯磊　　　复核：　　　　验收：张志强

第三联　给财务科

19.2 月 13 日，以现金支付业务招待费 400 元。

附表 2 - 19 - 1　　　　　　　　　　**现金报销单**

2014 年 2 月 13 日

| 报销部门 | 销售部 | 附件张数 | 贰 |
| --- | --- | --- | --- |
| 报销金额 | 人民币（大写）捌佰元整 | | ¥800.00 |
| 款项内容 | 业务招待费 | **现金付讫** | |
| 审批意见 | 同意　陈凯华 | 报销人 | 刘红 |

原始凭证附后

石家庄市市区饮食娱乐服务业定额统一发票

发 票 联

发票代码 24206067××××

发票号码 00××××××

人民币
（大写） 　　贰　佰　元

发票专用章：

阳光酒店发票专用章

420606×××××

开票日期：　　　　　　　　　　　　2014 年 2 月 23 日

---

石家庄市市区饮食娱乐服务业定额统一发票

发 票 联

发票代码 24206067××××

发票号码 00××××××

人民币
（大写） 　　贰　佰　元

发票专用章：

阳光酒店发票专用章

420606×××××

开票日期：　　　　　　　　　　　　2014 年 2 月 23 日

---

20.2 月 14 日，以转账支票支付车间设备修理费 450 元，取得普通发票一张。

附表 2 - 20 - 1

河北省修理修配普通发票

发 票 联

No.009521

客户名称：石家庄仁华纺织有限公司　　　　　　　2014 年 2 月 14 日

| 项目 | 货号 | 规格 | 单位 | 数量 | 单价 | 金额 | | | | | | |
|---|---|---|---|---|---|---|---|---|---|---|---|---|
| | | | | | | 万 | 千 | 百 | 十 | 元 | 角 | 分 |
| 维修费 | | | 项 | 1 | 450 | | 4 | 5 | 0 | 0 | 0 | 0 |
| | | | | | | | | | | | | |
| | | | | | 发票专用章 | | | | | | | |
| 金额合计（大写）肆佰伍拾元整 | | | | | ￥450.00 | | | | | | | |
| 备注： | | | | | | | | | | | | |

第二联　发票联

开票单位盖章：　　　　　复核人：　　　　　　　开票人：张娜

附表 2 - 20 - 2 　　　　　　　　**转账支票存根**

**中国工商银行**

转账支票存根

Ⅳ Ⅱ：20496025

科　　目＿＿＿＿＿＿＿＿＿

对方科目＿＿＿＿＿＿＿＿＿

出票日期：2014 年 2 月 14 日

| 收款人：石家庄诚信维修公司 | |
| :--- | :--- |
| 金　　额：￥450.00 | |
| 用　　途：车间设备修理 | |
| 单位主管：　会计： | 苏洋 |

21. 2 月 15 日，计提固定资产折旧。

附表 2 - 21 - 1 　　　　　　　　**固定资产折旧计算表**

2014 年 2 月 15 日

| 使用部门 | 固定资产项目 | 上月折旧额 | 上月增加固定资产 | | 上月减少固定资产 | | 本月折旧额 | 应借科目 |
| :---: | :---: | :---: | :---: | :---: | :---: | :---: | :---: | :---: |
| | | | 原价 | 月折旧额 | 原价 | 月折旧额 | | |
| 基本生产车间 | 车间厂房 | | | | | | | |
| | 剑杆织机 | | | | | | | |
| | 联想电脑 | | | | | | | |
| | 小　计 | | | | | | | |
| 机修车间 | 辅楼 | | | | | | | |
| | 车床 | | | | | | | |
| | 华硕电脑 | | | | | | | |
| | 小　计 | | | | | | | |
| 管理部门 | 行政办公楼 | | | | | | | |
| | 复印机 | | | | | | | |
| | 戴尔电脑 | | | | | | | |
| | 四通打印机 | | | | | | | |
| | 大众轿车 | | | | | | | |
| | 小　计 | | | | | | | |

续 表

| 使用部门 | 固定资产项目 | 上月折旧额 | 上月增加固定资产 | | 上月减少固定资产 | | 本月折旧额 | 应借科目 |
|---|---|---|---|---|---|---|---|---|
| | | | 原价 | 月折旧额 | 原价 | 月折旧额 | | |
| 销售部门 | 神舟电脑 | | | | | | | |
| | 佳能打印机 | | | | | | | |
| | 卡车 | | | | | | | |
| | 小 计 | | | | | | | |
| 出租 | 销售门市 | | | | | | | |
| 合 计 | | | | | | | | |

复核： 制表人：

22. 2月16日，支付广告费5 000元。

附表2-22-1

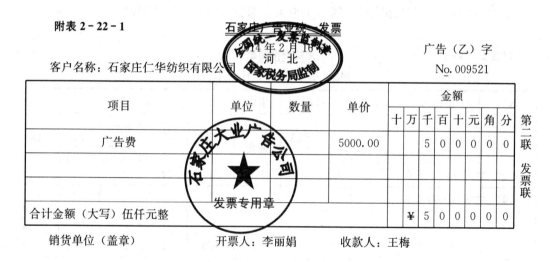

石家庄广告业统一发票

全国统一发票监制章
河 北
国家税务局监制

广告（乙）字

No.009521

客户名称：石家庄仁华纺织有限公司

| 项目 | 单位 | 数量 | 单价 | 金额 | | | | | | | |
|---|---|---|---|---|---|---|---|---|---|---|---|
| | | | | 十万 | 千 | 百 | 十 | 元 | 角 | 分 | |
| 广告费 | | | 5000.00 | | 5 | 0 | 0 | 0 | 0 | 0 | |
| 合计金额（大写）伍仟元整 | | | | ¥ | 5 | 0 | 0 | 0 | 0 | 0 | |

第二联 发票联

销货单位（盖章）　　　　开票人：李丽娟　　　　收款人：王梅

附表 2－22－2

**转账支票存根**

**中国工商银行**

转账支票存根

支票号码：01447365

附加信息：＿＿＿＿＿＿＿

＿＿＿＿＿＿＿＿＿＿＿＿

出票日期：2014 年 02 月 16 日

| 收款人：石家庄大业广告公司 |
| 金　额：￥5000.00 |
| 用　途：支付广告费 |

单位主管：　　　　会计：

23. 2 月 17 日，刘光报销差旅费 1 800 元，余款 200 元以现金退回。

附表 2－23－1

**差旅费报销单**

报销日期 2014 年 2 月 17 日

| 部门 | 销售部 | 出差人 | 刘光 | 事由 | 拓展业务 | | | | |
|---|---|---|---|---|---|---|---|---|---|
| 出差日期 | 起止地点 | 飞机 | 火车 | 汽车 | 市内交通费 | 住宿费 | 电话费 | 出差补助 | 合计 | 单据 |
| 2.12 | 石家庄—成都 | | 421 | | 100 | 576 | 126 | 200 | 1 423 | |
| 2.16 | 成都—石家庄 | | 377 | | | | | | 377 | |
| | | | | | | | | | | |
| 合　计 | | | 798 | | 100 | 576 | 126 | 200 | 1 800 | |
| 报销金额 | 人民币（大写）壹仟捌佰元整 | | | ￥1 800.00 | | | | | | |
| 原借款 | 2 000.00 | 报销额 | 1 800.00 | 应退还 | 200.00 | 应找补 | | | | |
| 财会审核意见 | 张佳珍 | 审批人意见 | | 陈凯华 | | | | | | |

附表 2－23－2 　　　　**收款收据**

2014 年 2 月 17 日

| 缴款单位或个人 | 刘光 | | |
|---|---|---|---|
| 款项内容 | 差旅费多余款 | 收款方式 | 现金 |
| 人民币（大写） | 贰佰元整　　　　　¥ 200.00 | | |
| 收款单位盖章 | 收款人盖章 王金华 | 现金收讫 | |
| | | 备注 | 本收据不得用于经营款项收入 |

主管：张佳珍　　　会计：李立明　　　出纳：王金华　　　报销人：刘光

24.2 月 18 日，偿还河南豫北纺纱厂货款 100 000 元。

附表 2－24－1 　　　　**中国工商银行　电汇凭证（回单）**

☑普通　□加急　　委托日期 2014 年 2 月 18 日　　　　No. 01325836

| 汇款人 | 全称 | 石家庄仁华纺织有限公司 | 收款人 | 全称 | 河南豫北纺纱厂 |
|---|---|---|---|---|---|
| | 账号 | 0018－0015－8687 | | 账号 | 25－2402－117 |
| | 汇出地点 | 河北省石家庄　市/县 | | 汇入地点 | 河南省安阳市/县 |
| | 汇出行名称 | 工行友谊支行 | | 汇入行名称 | 安阳市工行中华办 |

| 金额 | 人民币（大写）壹拾万元整 | 亿 | 千 | 百 | 十万 | 千 | 百 | 十 | 元 | 角 | 分 |
|---|---|---|---|---|---|---|---|---|---|---|---|
| | | | | ¥ | 1 | 0 | 0 | 0 | 0 | 0 | 0 | 0 |

中国工商银行
石家庄友谊支行
2014.02.18
转讫

汇出行签章

支付密码

附加信息及用途：货款
　　　款已从你单位账户汇出

复核：　　记账：

此联是汇出行给汇款人的回单

25.2 月 19 日，转账支票支付水费 15 300 元，增值税率 13％；支付电费 37 000 元，增值税率 17％。

附表 2-25-1
1300121140

河北省增值税专用发票

Ｎo.130065258

开票日期：2014 年 2 月 19 日

| 购货单位 | 名　　　称：石家庄仁华纺织有限公司 | | | | | | 密码区 | | 略 | |
|---|---|---|---|---|---|---|---|---|---|---|
| | 纳税人识别号：440122312560623 | | | | | | | | | |
| | 地 址、电 话：石家庄市友谊大街 181 号 | | | | | | | | | |
| | 开户行及账号：工行友谊支行 0018-0015-8687 | | | | | | | | | |

| 货物或应税劳务名称 | 规格型号 | 单位 | 数量 | 单价 | 金额 | 税率 | 税额 |
|---|---|---|---|---|---|---|---|
| 水 | | 吨 | 3825 | 4 | 15300.00 | 13％ | 1989.00 |
| 合　计 | | | | | 15300.00 | | 1989.00 |

| 价税合计（大写） | ⊗壹万柒仟贰佰捌拾玖元整 | （小写）￥17289.00 |
|---|---|---|

| 销货单位 | 名　　　称：石家庄供水公司 | 备 |
|---|---|---|
| | 纳税人识别号：155678989809923 | |
| | 地 址、电 话：石家庄中华大街 166 号 | 发票专用章 |
| | 开户行及账号：石家庄市工行中华办 15-2402-117 | 税号：155678989809923 |

收款人：　　　复核：　　　开票人：王光明　　　销货单位（章）：

**附表 2 - 25 - 2**

1300121140

河北省增值税专用发票

全国统一发票监制
抵 扣 联
河北
国家税务总局监制

No.130065258

开票日期：2014 年 2 月 19 日

| 购货单位 | 名　　　称：石家庄仁华纺织有限公司 | | | | 密码区 | 略 | | |
|---|---|---|---|---|---|---|---|---|
| | 纳税人识别号：440122312560623 | | | | | | | |
| | 地 址、电 话：石家庄市友谊大街181号 | | | | | | | |
| | 开户行及账号：工行友谊支行 0018 - 0015 - 8687 | | | | | | | |

| 货物或应税劳务名称 | 规格型号 | 单位 | 数量 | 单价 | 金额 | 税率 | 税额 |
|---|---|---|---|---|---|---|---|
| 水 | | 吨 | 3825 | 4 | 15300.00 | 13％ | 1989.00 |
| 合　计 | | | | | 15300.00 | | 1989.00 |

| 价税合计（大写） | ⊗壹万柒仟贰佰捌拾玖元整　　　　　（小写）￥17289.00 |
|---|---|

| 销货单位 | 名　　　称：石家庄供水公司 | 备 | 石家庄供水公司 |
|---|---|---|---|
| | 纳税人识别号：155678989809923 | | 发票专用章 |
| | 地 址、电 话：石家庄中华大街166号 | | 税号：155678989809923 |
| | 开户行及账号：石家庄市工行中华办 15 - 2402 - 117 | | |

收款人：　　　　复核：　　　　开票人：王光明　　　　销货单位（章）：

第三联　抵扣联　购货方扣税凭证

**附表 2 - 25 - 3**　　　　转账支票存根

中国工商银行

转账支票存根

支票号码：01447365

附加信息：＿＿＿＿＿＿＿＿＿＿

＿＿＿＿＿＿＿＿＿＿＿＿＿＿

＿＿＿＿＿＿＿＿＿＿＿＿＿＿

出票日期：2014 年 02 月 19 日

| 收款人：石家庄供水公司 |
|---|
| 金　额：￥17289.00 |
| 用　途：支付水费 |

单位主管：　　　　会计：

**附表 2 - 25 - 4**
1300121140

河北省增值税专用发票　　No.130062267

开票日期：2014 年 2 月 19 日

| 货物或应税劳务名称 | 规格型号 | 单位 | 数量 | 单价 | 金额 | 税率 | 税额 |
|---|---|---|---|---|---|---|---|
| 电 | | 度 | 52000 | 0.72 | 37440.00 | 17% | 6364.80 |
| 合　计 | | | | | 37440.00 | | 6364.80 |

购货单位
名　称：石家庄仁华纺织有限公司
纳税人识别号：440122312560623
地址、电话：石家庄市友谊大街 181 号
开户行及账号：工行友谊支行 0018 - 0015 - 8687
密码区：略

价税合计（大写）⊗肆万叁仟捌佰零肆元捌角整　（小写）¥ 43804.80

销货单位
名　称：石家庄供电公司
纳税人识别号：155678989801900
地址、电话：石家庄中华大街 167 号
开户行及账号：石家庄市工行中华办 15 - 2402 - 119
税号：155678989801900

收款人：　复核：　开票人：王明　销货单位（章）：

第二联 发票联 购货方记账凭证

---

**附表 2 - 25 - 5**
1300121140

河北省增值税专用发票　　No.130062267

开票日期：2014 年 2 月 19 日

| 货物或应税劳务名称 | 规格型号 | 单位 | 数量 | 单价 | 金额 | 税率 | 税额 |
|---|---|---|---|---|---|---|---|
| 电 | | 度 | 52000 | 0.72 | 37440.00 | 17% | 6364.80 |
| 合　计 | | | | | 37440.00 | | 6364.80 |

购货单位
名　称：石家庄仁华纺织有限公司
纳税人识别号：440122312560623
地址、电话：石家庄市友谊大街 181 号
开户行及账号：工行友谊支行 0018 - 0015 - 8687
密码区：略

价税合计（大写）⊗肆万叁仟捌佰零肆元捌角整　（小写）¥ 43804.80

销货单位
名　称：石家庄供电局
纳税人识别号：155678989801900
地址、电话：石家庄中华大街 167 号
开户行及账号：石家庄市工行中华办 15 - 2402 - 119
税号：155678989801900

收款人：　复核：　开票人：王明　销货单位（章）：

第三联 抵扣联 购货方扣税凭证

**附表 2 - 25 - 6**　　　　　　　　　　**转账支票存根**

中国工商银行

转账支票存根

支票号码：01447366

附加信息：_____

_____

出票日期：2014 年 02 月 19 日

收款人：石家庄供电公司

金　额：￥43804.80

用　途：支付电费

单位主管：　　　　　会计：

26.2 月 20 日，产品完工入库：涤棉平布 120 000 米，涤棉斜纹 85 000 米。

**附表 2 - 26 - 1**　　　　　　　　　　**产品入库单**

缴库单位：基本生产车间　　　　　2014 年 2 月 20 日　　　　　凭证编号：016

| 编号 | 名称 | 规格 | 计量单位 | 数量 | 单价 | 金额 |
|------|------|------|----------|------|------|------|
| 201 | 涤棉平布 | | 米 | 120 000 | | |
| 202 | 涤棉斜纹 | | 米 | 85 000 | | |
| | | | | | | |
| 合　计 | | | | | | |

保管：冯磊　　　　　部门负责人：赵小刚

第二联　送会计部门

27. 2月22日，生产涤棉平布和涤棉斜纹领用涤棉45支纱28 500千克，浆料2 000千克。

附表 2 - 27 - 1 　　　　　　　　　　**领料单**

领用单位：基本生产车间　　　　2014 年 2 月 22 日　　　　凭证编号：025
用　　途：生产产品　　　　　　　　　　　　　　　　　发料仓库：1 号

| 材料编号 | 材料名称 | 规格 | 计量单位 | 数量 | | 单价 | 金额 |
| | | | | 请领 | 实发 | | |
| --- | --- | --- | --- | --- | --- | --- | --- |
| 001 | 涤棉纱线 | 45 支纱 | 千克 | 28 500 | 28 500 | | |
| | | | | | | | |
| | | | | | | | |
| 合　计 | | | | | | | |
| 备　注 | | | | | | 附单据　张 | |

领料人：张兵　　　　发料人：冯磊　　　　　　领料部门负责人：赵小刚

附表 2 - 27 - 2 　　　　　　　**材料费用分配表**

原材料名称：涤棉 45 支纱　　　　2014 年 2 月 22 日

| 受益产品名称 | 产品产量 | 单位消耗定额 | 定额消耗量 | 分配率 | 分配材料金额 |
| --- | --- | --- | --- | --- | --- |
| 涤棉平布 | | | | | |
| 涤棉斜纹 | | | | | |
| 合　计 | | | | | |

主管：　　　会计：　　　　　　复核：　　　　　　制表：

附表 2 - 27 - 3 　　　　　　　　　　**领料单**

领用单位：基本生产车间　　　　2014 年 2 月 22 日　　　　凭证编号：026
用　　途：生产产品　　　　　　　　　　　　　　　　　发料仓库：1 号

| 材料编号 | 材料名称 | 规格 | 计量单位 | 数量 | | 单价 | 金额 |
| | | | | 请领 | 实发 | | |
| --- | --- | --- | --- | --- | --- | --- | --- |
| 002 | PVA 浆料 | | 千克 | 2 000 | 2 000 | | |
| | | | | | | | |
| | | | | | | | |
| 合　计 | | | | | | | |
| 备　注 | | | | | | 附单据　张 | |

领料人：张兵　　　　发料人：冯磊　　　　　　领料部门负责人：赵小刚

**附表 2－27－4**　　　　　　　　　　**材料费用分配表**

原材料名称：PVA 浆料　　　　　　2014 年 2 月 22 日

| 受益产品名称 | 产品产量 | 单位消耗定额 | 定额消耗量 | 分配率 | 分配材料金额 |
|---|---|---|---|---|---|
| 涤棉平布 | | | | | |
| 涤棉斜纹 | | | | | |
| 合　计 | | | | | |

主管：　　　　会计：　　　　　　复核：　　　　　　　　制表：

28.2 月 24 日，销售给山东环宇印染有限公司涤棉平布 200 000 米，单价 6.50 元；涤棉斜纹 50 000 米，单价 8.50 元；价税合计 2 018 250 元。货已发出，已办妥托收手续。

**附表 2－28－1**　　　　　　　　　**产品出库单**

2014 年 2 月 24 日　　　　　　　　第 18 号

| 类别 | 名称及规格 | 单位 | 数量 | | 单位成本 | 总成本 | | | | | | | | 附注 |
|---|---|---|---|---|---|---|---|---|---|---|---|---|---|---|
| | | | 请购 | 实发 | | 十 | 万 | 千 | 百 | 十 | 元 | 角 | 分 | |
| 主要产品 | 涤棉平布 | 米 | 200 000 | 200 000 | | | | | | | | | | |
| 主要产品 | 涤棉斜纹 | 米 | 50 000 | 50 000 | | | | | | | | | | |
| | | | | | | | | | | | | | | |
| | | | | | | | | | | | | | | |
| 合　计 | | | | | | | | | | | | | | |

会计：　　　　仓库主管：　　　　保管：冯磊　　　经手：　　　制单：李全友

附单据　张

**附表 2 - 28 - 2**

河北省增值税专用发票　　　No.06320242

1300121140　　此联不作报销　抵税凭证　　开票日期：2014 年 2 月 24 日

| 购货单位 | 名　称：山东环宇印染有限公司 | | | | | 密码区 | | 略 | |
|---|---|---|---|---|---|---|---|---|---|
| | 纳税人识别号：669867589403345 | | | | | | | | |
| | 地址、电话：济南将军路 36 号 0531 - 58876533 | | | | | | | | |
| | 开户行及账号：济南市工行裕华办 66 - 3311 - 112 | | | | | | | | |

| 货物或应税劳务名称 | 规格型号 | 单位 | 数量 | 单价 | 金额 | 税率 | 税额 |
|---|---|---|---|---|---|---|---|
| 涤棉平布 | 幅宽 1.6 | 米 | 200000 | 6.50 | 1300000.00 | 17％ | 221000.00 |
| 涤棉斜纹 | 幅宽 1.6 | 米 | 50000 | 8.50 | 425000.00 | | 72250.00 |
| 合　计 | | | | | 1725000.00 | | 293250.00 |

| 价税合计（大写） | ⊗贰佰零壹万捌仟贰佰伍拾元整 | （小写）￥2018250.00 |
|---|---|---|

| 销货单位 | 名　称：石家庄仁华纺织有限公司 | 备 |
|---|---|---|
| | 纳税人识别号：440122312560623 | |
| | 地址、电话：石家庄市友谊大街 181 号 | |
| | 开户行及账号：工行友谊支行 0018 - 0015 - 8687 | |

收款人：　　　复核：　　　开票人：李立明　　　销货单位（章）

第一联　记账联　销货方记账凭证

**附表 2 - 28 - 3**

中国工商银行　托收凭证（受理回单）　1　　No.0234546

委托日期：2014 年 2 月 24 日

| 业务类型 | | 委托收款（□邮划，□电划） | | 托收承付（☑邮划，□电划） | | | | | | | | | |
|---|---|---|---|---|---|---|---|---|---|---|---|---|---|
| 付款人 | 全称 | 山东环宇印染有限公司 | | | 收款人 | 全称 | 石家庄仁华纺织有限公司 | | | | | | |
| | 账号 | 66 - 3311 - 112 | | | | 账号 | 0018 - 0015 - 8687 | | | | | | |
| | 地址 | 山东省济南市县 | 开户行 | 济南市工行裕华办 | | 地址 | 河北省石家庄市县 | 开户行 | 工行友谊支行 | | | | |

| 金额 | 人民币（大写）贰佰零壹万捌仟贰佰伍拾元整 | 千 | 百 | 十 | 万 | 千 | 百 | 十 | 元 | 角 | 分 |
|---|---|---|---|---|---|---|---|---|---|---|---|
| | | | ￥ | 2 | 0 | 1 | 8 | 2 | 5 | 0 | 0 |

| 款项内容 | 布匹 | 托收凭证名称 | 附寄单据张数 | 2 |
|---|---|---|---|---|
| 商品发运情况 | 已发运 | 合同名称号码 | 79866652 | |

| 备注： | 款项收妥日期 | 收款人开户银行签章 | | |
|---|---|---|---|---|
| | | 中国工商银行 友谊支行 2014.02.24 转讫 | | |
| 复核：　记账： | | 年　月　日 | | 年　月　日 |

此联是收款人开户银行给收款人的受理回单

29.2月25日，从上海东方化工厂购入浆料5 000千克，单价15.80元，价税合计92 430元，运费1 665元。

附表 2-29-1

3100122140

上海市增值税专用发票　　　　　　　Ｎｏ.17330276

发　票　联　　　开票日期：2014 年 2 月 23 日

| 购货单位 | 名　　　　称：石家庄仁华纺织有限公司 | | | | | 密码区 | 略 | | |
| | 纳税人识别号：440122312560623 | | | | | | | | |
| | 地　址、电话：友谊大街181号 0311-83636336 | | | | | | | | |
| | 开户行及账号：工行友谊支行 0018-0015-8687 | | | | | | | | |
| 货物或应税劳务名称 | 规格型号 | 单位 | 数量 | 单价 | 金额 | 税率 | 税额 | | |
| PVA 浆料 | | 千克 | 5000 | 15.80 | 79000.00 | 17％ | 13430.00 | | |
| 合　计 | | | | | 79000.00 | | 13430.00 | | |
| 价税合计（大写） | ⊗玖万贰仟肆佰叁拾元整　　　　　　（小写）￥92430.00 | | | | | | | | |
| 销货单位 | 名　　　　称：上海东方化工有限公司 | | | | | 备注 | | | |
| | 纳税人识别号：588992325069854 | | | | | | | | |
| | 地　址、电话：上海市北京路6号 021-69883352 | | | | | | | | |
| | 开户行及账号：上海工行大华办 58-8425-531 | | | | | | | | |

收款人：　　　复核：　　　开票人：李长江　　　销货单位（章）：

第二联　发票联　购货方记账凭证

附表 2-29-2

3100122140

上海市增值税专用发票　　　　　　　Ｎｏ.17330276

抵　扣　联　　　开票日期：2014 年 2 月 23 日

| 购货单位 | 名　　　　称：石家庄仁华纺织有限公司 | | | | | 密码区 | 略 | | |
| | 纳税人识别号：440122312560623 | | | | | | | | |
| | 地　址、电话：友谊大街181号 0311-83636336 | | | | | | | | |
| | 开户行及账号：工行友谊支行 0018-0015-8687 | | | | | | | | |
| 货物或应税劳务名称 | 规格型号 | 单位 | 数量 | 单价 | 金额 | 税率 | 税额 | | |
| PVA 浆料 | | 千克 | 5000 | 15.80 | 79000.00 | 17％ | 13430.00 | | |
| 合　计 | | | | | 79000.00 | | 13430.00 | | |
| 价税合计（大写） | ⊗玖万贰仟肆佰叁拾元整　　　　　　（小写）￥92430.00 | | | | | | | | |
| 销货单位 | 名　　　　称：上海东方化工有限公司 | | | | | 备注 | | | |
| | 纳税人识别号：588992325069854 | | | | | | | | |
| | 地　址、电话：上海市北京路6号 021-69883352 | | | | | | | | |
| | 开户行及账号：上海工行大华办 58-8425-531 | | | | | | | | |

收款人：　　　复核：　　　开票人：李长江　　　销货单位（章）：

第三联　抵扣联　购货方扣税凭证

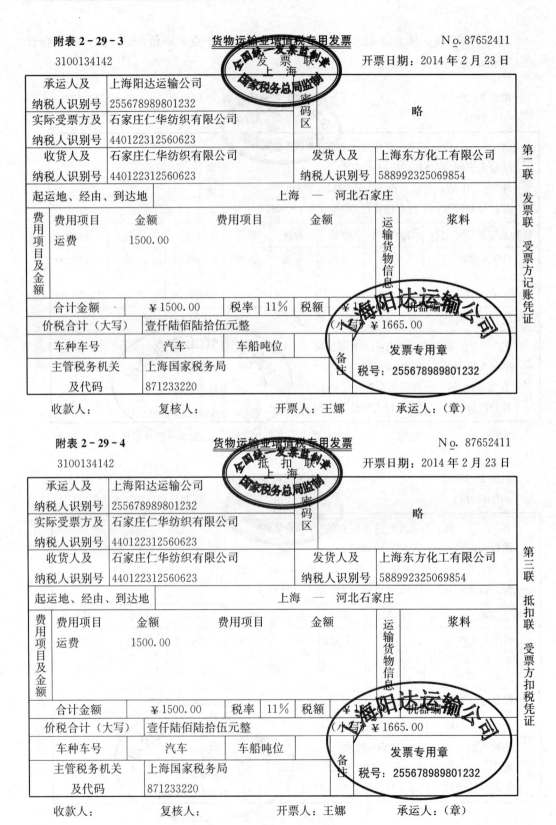

附表 2-29-3 　　　货物运输业增值税专用发票 　　　No. 87652411

3100134142 　　　　　　　　　　　　　　　　开票日期：2014 年 2 月 23 日

| 承运人及 | 上海阳达运输公司 | | | | | | |
|---|---|---|---|---|---|---|---|
| 纳税人识别号 | 255678989801232 | | | 密码区 | 略 | | |
| 实际受票方及 | 石家庄仁华纺织有限公司 | | | | | | |
| 纳税人识别号 | 440122312560623 | | | | | | |
| 收货人及 | 石家庄仁华纺织有限公司 | | 发货人及 | | 上海东方化工有限公司 | | |
| 纳税人识别号 | 440122312560623 | | 纳税人识别号 | | 588992325069854 | | |

起运地、经由、到达地　　　　上海 — 河北石家庄

| 费用项目及金额 | 费用项目 | 金额 | 费用项目 | 金额 | 运输货物信息 | 浆料 |
|---|---|---|---|---|---|---|
| | 运费 | 1500.00 | | | | |

| 合计金额 | ¥1500.00 | 税率 | 11% | 税额 | ¥1 略 |
|---|---|---|---|---|---|

价税合计（大写）　　壹仟陆佰陆拾伍元整　　　　（小写）¥1665.00

| 车种车号 | 汽车 | 车船吨位 | |
|---|---|---|---|
| 主管税务机关及代码 | 上海国家税务局 871233220 | 备注 | 发票专用章 税号：255678989801232 |

收款人：　　　　复核人：　　　　开票人：王娜　　　　承运人：（章）

附表 2-29-4 　　　货物运输业增值税专用发票 　　　No. 87652411

3100134142 　　　　　　　　　　　　　　　　开票日期：2014 年 2 月 23 日

| 承运人及 | 上海阳达运输公司 | | | | | | |
|---|---|---|---|---|---|---|---|
| 纳税人识别号 | 255678989801232 | | | 密码区 | 略 | | |
| 实际受票方及 | 石家庄仁华纺织有限公司 | | | | | | |
| 纳税人识别号 | 440122312560623 | | | | | | |
| 收货人及 | 石家庄仁华纺织有限公司 | | 发货人及 | | 上海东方化工有限公司 | | |
| 纳税人识别号 | 440122312560623 | | 纳税人识别号 | | 588992325069854 | | |

起运地、经由、到达地　　　　上海 — 河北石家庄

| 费用项目及金额 | 费用项目 | 金额 | 费用项目 | 金额 | 运输货物信息 | 浆料 |
|---|---|---|---|---|---|---|
| | 运费 | 1500.00 | | | | |

| 合计金额 | ¥1500.00 | 税率 | 11% | 税额 | ¥1 略 |
|---|---|---|---|---|---|

价税合计（大写）　　壹仟陆佰陆拾伍元整　　　　（小写）¥1665.00

| 车种车号 | 汽车 | 车船吨位 | |
|---|---|---|---|
| 主管税务机关及代码 | 上海国家税务局 871233220 | 备注 | 发票专用章 税号：255678989801232 |

收款人：　　　　复核人：　　　　开票人：王娜　　　　承运人：（章）

附表 2-29-5　　　　中国工商银行　电汇凭证（回单）

□普通　☑加急　　　　委托日期 2014 年 2 月 25 日　　　　Ｎo.01325866

| 汇款人 | 全称 | 石家庄仁华纺织有限公司 | 收款人 | 全称 | 上海东方化工有限公司 |
|---|---|---|---|---|---|
| | 账号 | 0018-0015-8687 | | 账号 | 58-8425-531 |
| | 汇出地点 | 河北省石家庄　市/县 | | 汇入地点 | 省　上海　市/县 |
| | 汇出行名称 | 工行友谊支行 | | 汇入行名称 | 上海工行大华办 |

金额（大写）人民币 玖万肆仟零玖拾伍元整

| 亿 | 千 | 百 | 十 | 万 | 千 | 百 | 十 | 元 | 角 | 分 |
|---|---|---|---|---|---|---|---|---|---|---|
| | | | | ¥9 | 4 | 0 | 9 | 5 | 0 | 0 |

中国工商银行 石家庄友谊支行 2014.02.25 转讫　汇出行签章

支付密码

附加信息及用途：货款及代垫运费　款已从你单位账户汇出

复核　记账

此联是汇出行给汇款人的回单

附表 2-29-6　　　　　收料单

2014 年 2 月 25 日　　　　Ｎo.045326

供货单位：上海东方化工有限公司　　　实际成本

| 编号 | 材料名称 | 规格 | 送验数量 | 实收数量 | 单位 | 单价 | 运杂费 | 千 | 百 | 十 | 万 | 千 | 百 | 十 | 元 | 角 | 分 |
|---|---|---|---|---|---|---|---|---|---|---|---|---|---|---|---|---|---|
| 002 | PVA浆料 | | 5 000 | 5 000 | 千克 | 15.80 | 1 500 | | 8 | 0 | 5 | 0 | 0 | 0 | 0 | 0 | 0 |
| 合计 | | | | | | | | | ¥8 | 0 | 5 | 0 | 0 | 0 | 0 | 0 | 0 |

实际单位成本：¥16.10　　　　附单据3张

主管：　会计：　保管：冯磊　复核：　验收：张志强

30.2 月 26 日，销售给衡水神州印染厂涤棉平布 30 000 米，单价 6.50 元；涤棉斜纹 20 000 米，单价 8.50 元。价税合计共计 427 050 元，款未收。

附表 2-30-1

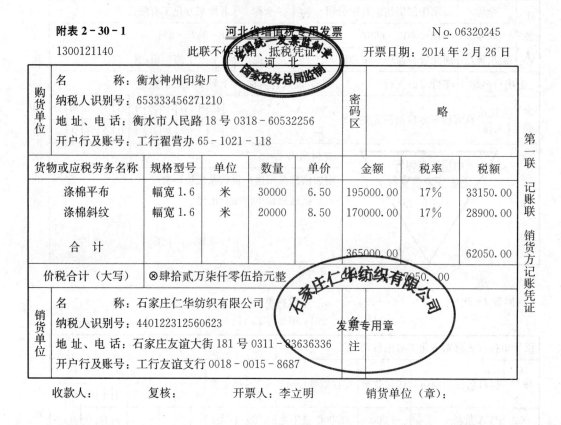

河北省增值税专用发票　　　　No.06320245

1300121140　　　此联不作报销、抵税凭证　　　开票日期：2014 年 2 月 26 日

| 购货单位 | 名　称：衡水神州印染厂　　　　　　　　纳税人识别号：653333456271210　　　地　址、电话：衡水市人民路 18 号 0318-60532256　　　开户行及账号：工行翟营办 65-1021-118 | | | | | 密码区 | 略 | | |
|---|---|---|---|---|---|---|---|---|---|
| 货物或应税劳务名称 | 规格型号 | 单位 | 数量 | 单价 | 金额 | 税率 | | 税额 | |
| 涤棉平布 | 幅宽 1.6 | 米 | 30000 | 6.50 | 195000.00 | 17% | | 33150.00 | |
| 涤棉斜纹 | 幅宽 1.6 | 米 | 20000 | 8.50 | 170000.00 | 17% | | 28900.00 | |
| 合　计 | | | | | 365000.00 | | | 62050.00 | |
| 价税合计（大写） | ⊗肆拾贰万柒仟零伍拾元整　　　　　427050.00 | | | | | | | | |
| 销货单位 | 名　称：石家庄仁华纺织有限公司　　　纳税人识别号：440122312560623　　　地　址、电话：石家庄友谊大街 181 号 0311-83636336　　　开户行及账号：工行友谊支行 0018-0015-8687 | | | | | 发票专用章 | | 备注 | |

收款人：　　　　复核：　　　　开票人：李立明　　　　销货单位（章）：

附表 2-30-2　　　　　　　　　　**产品出库单**

2014 年 2 月 26 日　　　　　　　　第 19 号

| 类别 | 名称及规格 | 单位 | 数量 | | 单位成本 | 总成本 | | | | | | | | 附注 |
|---|---|---|---|---|---|---|---|---|---|---|---|---|---|---|
| | | | 请购 | 实发 | | 十万 | 千 | 百 | 十 | 元 | 角 | 分 | | |
| 主要产品 | 涤棉平布 | 米 | 30 000 | 30 000 | | | | | | | | | | |
| 主要产品 | 涤棉斜纹 | 米 | 20 000 | 20 000 | | | | | | | | | | |
| | | | | | | | | | | | | | | |
| | | | | | | | | | | | | | | |
| 合　计 | | | | | | | | | | | | | | |

会计：　　　　仓库主管：　　　　保管：冯磊　　　　经手：　　　　制单：李全友

31.2月27日，产品完工入库：涤棉平布 93 000 米，涤棉斜纹 80 000 米。

附表 2－31－1　　　　　　　　　**产品入库单**

缴库单位：基本生产车间　　　　2014 年 2 月 27 日　　　　　凭证编号：017

| 编号 | 名称 | 规格 | 计量单位 | 数量 | 单价 | 金额 |
|------|------|------|----------|------|------|------|
| 201 | 涤棉平布 | | 米 | 93 000 | | |
| 202 | 涤棉斜纹 | | 米 | 80 000 | | |
| | | | | | | |
| | 合　计 | | | | | |

保管：冯磊　　　　　　部门负责人：赵小刚

32.2月28日，分摊预付的财产保险费 500 元，报刊杂志费 100 元。

附表 2－32－1　　　　　　　　　**预付费用分摊表**

2014 年 2 月 28 日

| 费用项目 | 待摊总额 | 分摊期 | 本月摊销金额 | 应计账户 |
|----------|----------|--------|--------------|----------|
| 财产保险费 | 3 000 | 6 | 500 | 管理费用 |
| 报刊杂志费 | 1 200 | 12 | 100 | 管理费用 |
| 合　计 | | | ￥600.00 | |

财务主管：　　　　审核：李立明　　　　　制表：苏洋

33.2月28日，支付到期的短期借款本息 509 000 元，前两个月已预提利息 6000 元。

附表 2－33－1　　　　　**中国工商银行　特种转账传票**

2014 年 2 月 28 日

| 收款人 | 全称 | 工商银行石家庄友谊支行 | 付款人 | 全称 | 石家庄仁华纺织有限公司 |
|--------|------|------------------------|--------|------|------------------------|
| | 账号 | 11－888－1001 | | 账号 | 0018－0015－8687 |
| | 开户银行 | 工行友谊支行　行号 038 | | 开户银行 | 工行友谊支行　行号 038 |

| 金额 | 人民币（大写）伍拾万零玖仟元整 | 千 | 百 | 十 | 万 | 千 | 百 | 十 | 元 | 角 | 分 |
|------|--------------------------------|----|----|----|----|----|----|----|----|----|----|
| | | | ￥ | 5 | 0 | 9 | 0 | 0 | 0 | 0 | 0 |

中国工商银行
石家庄友谊支行
2014.02.25
转讫

| 原凭证金额 | 500 000.00 | 借方科目 _____ |
|------------|------------|-------------------|
| 原凭证名称 | | 贷方科目 _____ |
| 转账原因 | 归还短期借款本息　银行盖章 | 会计　复核　记账　制票 |

企业入账联

34.2 月 28 日，计算本月未到期短期借款利息。

附表 2 - 34 - 1　　　　　　　借款利息费用计算表

2014 年 2 月 28 日

| 项目　　借款品种 | 借款日 | 到期日 | 借款本金 | 月利率 | 本月应计利息 |
|---|---|---|---|---|---|
| 生产周转借款 | 2014.1.2 | 2014.7.2 | 800 000 | 0.65％ | 5 200 |
|  |  |  |  |  |  |
|  |  |  |  |  |  |
| 合　计 |  |  |  |  | ￥5 200.00 |

财务主管：　　　　　　审核：李立明　　　　　　制表：苏洋

35.2 月 28 日，摊销无形资产价值。

附表 2 - 35 - 1　　　　　　　无形资产摊销计算表

2014 年 2 月 28 日

| 项目　　无形资产名称 | 来源 | 原始价值 | 原价确认日期 | 分摊期（月数） | 本期分摊金额 |
|---|---|---|---|---|---|
| 非专利技术 | 外购 | 90 000 | 2013.5.1 | 60 个月 | 1 500 |
|  |  |  |  |  |  |
| 合　计 |  |  |  |  | ￥1 500.00 |

财务主管：　　　　　　审核：李立明　　　　　　制表：苏洋

36.2 月 28 日，分配本月水费、电费。

附表 2 - 36 - 1　　　　　　　2 月水费分配表

2014 年 2 月 28 日

| 部门 | | 产品产量 | 工时定额 | 定额总工时 | 分配率 | 耗用数量 | 单价 | 金额 |
|---|---|---|---|---|---|---|---|---|
| 基本生产车间 | 涤棉平布 |  |  |  |  |  |  |  |
|  | 涤棉斜纹 |  |  |  |  |  |  |  |
|  | 小　计 |  |  |  |  | 2 225 |  |  |
|  | 一般耗用 |  |  |  |  | 400 |  |  |
| 辅助生产车间 | 机修车间 |  |  |  |  | 300 |  |  |
| 行政管理部门 | |  |  |  |  | 600 |  |  |
| 销售部门 | |  |  |  |  | 300 |  |  |
| 合　计 | |  |  |  |  | 3 825 | 4 | 15 300 |

财务主管：　　　　　　审核：李立明　　　　　　制表：苏洋

附表 2－36－2

**2月电费分配表**

2014 年 2 月 28 日

| 部门 | | 产品产量 | 工时定额 | 定额总工时 | 分配率 | 耗用数量 | 单价 | 金额 |
|---|---|---|---|---|---|---|---|---|
| 基本生产车间 | 涤棉平布 | | | | | | | |
| | 涤棉斜纹 | | | | | | | |
| | 小 计 | | | | | 42 000 | | |
| | 一般耗用 | | | | | 2 400 | | |
| 辅助生产车间 | 机修车间 | | | | | 2 600 | | |
| 行政管理部门 | | | | | | 2 800 | | |
| 销售部门 | | | | | | 2 200 | | |
| 合 计 | | | | | | 52 000 | 0.72 | 37 440 |

财务主管：　　　　　　　审核：李立明　　　　　　　制表：苏洋

37.2 月 28 日，分配本月工资 435 200 元。

附表 2－37－1

**工资结算汇总表**

2014 年 2 月 28 日

| 部门名称 | | 基本工资 | 各类奖金及补贴 | 应付工资 | 代扣款项 | | | | | 实发工资 |
|---|---|---|---|---|---|---|---|---|---|---|
| | | | | | 医疗保险2% | 养老保险8% | 失业保险1% | 住房公积金7% | 个人所得税 | |
| 基本生产车间 | 生产工人 | 234 000 | 3 100 | 237 100 | 4 734 | 18 936 | 2 367 | 16 569 | | 194 494 |
| | 车间管理人员 | 28 900 | 1 000 | 29 900 | 596 | 2 384 | 298 | 2 086 | | 24 536 |
| | 小 计 | 262 900 | 4 100 | 267 000 | 5 330 | 21 320 | 2 665 | 18 655 | | 219 030 |
| 辅助生产车间 | 机修车间 | 24 200 | 2 000 | 26 200 | 524 | 2 096 | 262 | 1 834 | | 21 484 |
| 行政管理部门 | | 113 400 | 2 800 | 116 200 | 2 304 | 9 216 | 1 152 | 8 064 | 1 100 | 94 364 |
| 销售部门 | | 24 800 | 1 000 | 25 800 | 510 | 2 040 | 255 | 1 785 | 600 | 20 610 |
| 合 计 | | 425 300 | 9 900 | 435 200 | 8 668 | 34 672 | 4 334 | 30 338 | 1 700 | 355 488 |

单位主管：陈凯华　　　　　　　审核：张斌　　　　　　　制表：陈芳香

附表 2 - 37 - 2 **工资分配表**

2014 年 2 月 28 日

| 应借科目 | | | 产品产量 | 工时定额 | 定额总工时 | 分配率 | 应分配工资金额 |
|---|---|---|---|---|---|---|---|
| 生产成本 | 基本生产成本 | 涤棉平布 直接人工 | | | | | |
| | | 涤棉斜纹 直接人工 | | | | | |
| | | 小　计 | | | | | |
| | 辅助生产成本 | 机修车间 工资 | | | | | |
| 制造费用 | 基本生产车间 | 工资 | | | | | |
| 管理费用 | | 工资 | | | | | |
| 销售费用 | | 工资 | | | | | |
| 合　计 | | | | | | | |

单位主管：陈凯华　　　　审核：苏洋　　　　制表：王金华

38. 2 月 28 日，计提社会保险费、工会经费、职工教育经费（"工资基数"全年按 1 月工资结算表应付工资计算）。

附表 2 - 38 - 1 **社会保险费和住房公积金计提表**

2014 年 2 月 28 日

| 应借科目 | | | 工资基数 | 医疗保险 8% | 养老保险 20% | 失业保险 2% | 住房公积金 12% | 合计 |
|---|---|---|---|---|---|---|---|---|
| 生产成本 | 基本生产成本 | 涤棉平布 直接人工 | 118 610.54 | | | | | |
| | | 涤棉斜纹 直接人工 | 118 089.46 | | | | | |
| | | 小　计 | 236 700 | | | | | |
| | 辅助生产成本 | 机修车间 职工薪酬 | 26 200 | | | | | |
| 制造费用 | 基本生产车间 | 职工薪酬 | 29 800 | | | | | |
| 管理费用 | | 职工薪酬 | 115 200 | | | | | |
| 销售费用 | | 职工薪酬 | 25 500 | | | | | |
| 合　计 | | | 433 400 | | | | | |

单位主管：陈凯华　　　　审核：苏洋　　　　制表：王金华

附表 2－38－2　　　　　　　**工会经费和职工教育经费计提表**

2014 年 2 月 28 日

| 应借科目 | | | 工资基数 | 工会经费 2% | 职工教育经费 1.5% | 合计 |
|---|---|---|---|---|---|---|
| 生产成本 | 基本生产成本 | 涤棉平布　直接人工 | 118 610.54 | | | |
| | | 涤棉斜纹　直接人工 | 118 089.46 | | | |
| | | 小　计 | 236 700 | | | |
| | 辅助生产成本 | 机修车间　职工薪酬 | 26 200 | | | |
| 制造费用 | 基本生产车间 | 职工薪酬 | 29 800 | | | |
| 管理费用 | | 职工薪酬 | 115 200 | | | |
| 销售费用 | | 职工薪酬 | 25 500 | | | |
| 合　计 | | | 433 400 | | | |

单位主管：陈凯华　　　　　　　审核：苏洋　　　　　　　制表：王金华

39. 2 月 28 日，分配辅助生产费用。辅助生产车间本月提供劳务数量为 480 工时，其中：基本生产车间 300 工时，管理部门 100 工时，销售部门 80 工时。

附表 2－39－1　　　　　　　**辅助生产费用分配表**

2014 年 2 月 28 日

| 项目 | | 应分配费用 | 劳务量（工时） | 分配率（四位小数） | 基本生产车间 | 管理部门 | 销售部门 |
|---|---|---|---|---|---|---|---|
| 机修车间 | 数量（工时） | | 480 | | 300 | 100 | 80 |
| | 金额（元） | | | | | | |

财务主管：　　　　　　　审核：　　　　　　　制表：

40. 2 月 28 日，分配制造费用。

附表 2－40－1　　　　　　　**制造费用分配表**

2014 年 2 月 28 日

| 产品名称 | 产品产量 | 工时定额 | 定额总工时 | 分配率 | 分配金额 |
|---|---|---|---|---|---|
| 涤棉平布 | | | | | |
| 涤棉斜纹 | | | | | |
| 合　计 | | | | | |

财务主管：　　　　　　　审核：　　　　　　　制表：

41.2 月 28 日，按约当产量法计算完工产品成本。

附表 2-41-1         **产品成本计算单**

产品名称：涤棉平布        2014 年 2 月 28 日            单位：元

完工产品数量：      月末在产品数量：      投料程度：      完工程度：

| 项目 | 直接材料 | 直接人工 | 制造费用 | 合计 |
|---|---|---|---|---|
| 月初在产品成本 | | | | |
| 本月发生的生产费用 | | | | |
| 生产费用合计 | | | | |
| 完工产品数量 | | | | |
| 在产品约当产量 | | | | |
| 总约当产量 | | | | |
| 分配率（单位成本） | | | | |
| 完工产品总成本 | | | | |
| 月末在产品成本 | | | | |

财务主管：        审核：        制表：

附表 2-41-2         **产品成本计算单**

产品名称：涤棉斜纹        2014 年 2 月 28 日            单位：元

完工产品数量：      月末在产品数量：      投料程度：      完工程度：

| 项目 | 直接材料 | 直接人工 | 制造费用 | 合计 |
|---|---|---|---|---|
| 月初在产品成本 | | | | |
| 本月发生的生产费用 | | | | |
| 生产费用合计 | | | | |
| 完工产品数量 | | | | |
| 在产品约当产量 | | | | |
| 总约当产量 | | | | |
| 分配率（单位成本） | | | | |
| 完工产品总成本 | | | | |
| 月末在产品成本 | | | | |

财务主管：        审核：        制表：

42.2月28日，计算本月产品销售成本。

**附表 2 - 42 - 1**　　　　　　　　　**发出商品成本计算表**

2014 年 2 月 28 日　　　　　　　　　　　　　　　　单位：元

| 商品名称 | 月初余额 | | 本月生产完工 | | 加权平均单价 | 本月销售 | |
|---|---|---|---|---|---|---|---|
| | 数量 | 实际成本 | 数量 | 实际成本 | ⑤=(②+④)/(①+③) | 数量 | 实际成本 |
| | ① | ② | ③ | ④ | (保留 4 位小数) | ⑥ | ⑦=⑤×⑥ |
| 涤棉平布 | | | | | | | |
| 涤棉斜纹 | | | | | | | |

财务主管：　　　　　　审核：　　　　　　制表：

43.2月28日，计算本月营业税金及附加。

**附表 2 - 43 - 1**　　　　　　　**应交城建税及教育费附加计算表**

2014 年 2 月 28 日

| 计税依据 | 计税基数 | 应交城市维护建设税 | | 应交教育费附加 | |
|---|---|---|---|---|---|
| | | 税率 | 税额 | 税率 | 税额 |
| 增值税 | | 7% | | 3% | |
| | | | | | |
| | | | | | |
| 合　计 | | | | | |

财务主管：　　　　　　审核：　　　　　　制表：

44.2 月 28 日，结转本月损益类账户余额。

附表 2－44－1　　　　　　　　损益类账户发生额汇总表

2014 年 2 月 28 日

| 费用、支出类科目 | | | 收入、收益类科目 | | |
|---|---|---|---|---|---|
| 科目名称 | 本期发生额 | | 科目名称 | 本期发生额 | |
| | 借方 | 贷方 | | 借方 | 贷方 |
| 主营业务成本 | | | 主营业务收入 | | |
| 其他业务成本 | | | 其他业务收入 | | |
| 营业税金及附加 | | | 营业外收入 | | |
| 管理费用 | | | 投资收益 | | |
| 销售费用 | | | | | |
| 财务费用 | | | | | |
| 营业外支出 | | | | | |
| | | | | | |
| | | | | | |
| 金额合计 | | | 金额合计 | | |

财务主管：　　　　　　　审核：　　　　　　　制表：

45.2 月 28 日，计算本月所得税。

附表 2－45－1　　　　　　　　所得税计算表

单位：　　　　　　　　　　2014 年 2 月 28 日

| 应纳税所得额 | 所得税税率 | 应交所得税 | 备注 |
|---|---|---|---|
| | 25％ | | |
| | | | |

财务主管：　　　　　　　审核：　　　　　　　制表：

# 附录三 3月经济业务原始凭证

**附表 3-1-1**　　中国工商银行　托收凭证（汇款依据或收账通知）4

No.0234546

委托日期：2014 年 2 月 24 日　　　　　　付款期限：2014 年 3 月 1 日

| 业务类型 | | 委托收款（□邮划，□电划） | | | 托收承付（☑邮划，□电划） | | | | | | | | | | |
|---|---|---|---|---|---|---|---|---|---|---|---|---|---|---|
| 付款人 | 全称 | 山东环宇印染有限公司 | | | 收款人 | 全称 | 石家庄仁华纺织有限公司 | | | | | | | | |
| | 账号 | 66-3311-112 | | | | 账号 | 0018-0015-8687 | | | | | | | | |
| | 地址 | 山东省济南市县 | 开户行 | 济南市工行裕华办 | | 地址 | 河北省石家庄市县 | 开户行 | 工行友谊支行 | | | | | | |

| 金额 | 人民币（大写） 贰佰零壹万捌仟贰佰伍拾元整 | 千 | 百 | 十 | 万 | 千 | 百 | 十 | 元 | 角 | 分 |
|---|---|---|---|---|---|---|---|---|---|---|---|
| | | | ¥ 2 | 0 | 1 | 8 | 2 | 5 | 0 | 0 | 0 |

| 款项内容 | 布匹 | 托收凭证名称 | | 附寄单据张数 | 2 |
|---|---|---|---|---|---|
| 商品发运情况 | | 已发运 | 合同名称号码 | 79866652 | |
| 备注： | | 上述款项已划回收入你方 | | 中国工商银行 石家庄友谊支行 2014.03.01 转讫 | |
| | | 收款人开户银行签章 | | | |
| 复核： | 记账： | 2014 年 3 月 1 日 | | | |

此联是付款人开户银行凭以汇款或收款人开户银行作收账通知

附表 3－2－1　　　　　中国工商银行　信汇凭证（回单）　1

委托日期：2014 年 3 月 1 日　　　　　　N o.00461267

| 汇款人 | 全称 | 石家庄仁华纺织有限公司 | 收款人 | 全称 | 山东森达纺织有限公司 |
|---|---|---|---|---|---|
| | 账号 | 0018－0015－8687 | | 账号 | 12－8425－331 |
| | 汇出地点 | 河北 省 石家庄 市/县 | | 汇入地点 | 山东 省 济南 市/县 |
| | 汇出行名称 | 工行友谊支行 | | 汇入行名称 | 济南市工行槐中办 |

| 金额 | 人民币（大写）　壹佰万元整 | 亿 | 千 | 百 | 十 | 万 | 千 | 百 | 十 | 元 | 角 | 分 |
|---|---|---|---|---|---|---|---|---|---|---|---|---|
| | | | ￥ | 1 | 0 | 0 | 0 | 0 | 0 | 0 | 0 | 0 |

支付密码

中国工商银行
石家庄友谊支行
2014.03.01
转讫
汇出行签章

附加信息及用途：偿还货款
款已从你单位账户汇出

复核：　　　记账：

此联是汇出行给汇款人的回单

附表 3－3－1　　　　　河北省增值税专用发票　　　　　N o.07330256

1300121140　　　　　　　　　　　　　　　　　开票日期：2014 年 3 月 1 日

发票联
河北
国家税务总局监制

| 购货单位 | 名　　称：石家庄仁华纺织有限公司<br>纳税人识别号：440122312560623<br>地址、电话：友谊大街 181 号 0311－83636336<br>开户行及账号：工行友谊支行 0018－0015－8687 | 密码区 | 略 |
|---|---|---|---|

| 货物及应税劳务名称 | 规格型号 | 单位 | 数量 | 单价 | 金额 | 税率 | 税额 |
|---|---|---|---|---|---|---|---|
| 纯棉 10 支纱 | | 千克 | 45000 | 21.00 | 945000.00 | 17% | 160650.00 |
| 纯棉 7 支纱 | | 千克 | 40000 | 19.00 | 760000.00 | 17% | 129200.00 |
| 合　计 | | | | | ￥1705000.00 | | ￥289850.00 |
| 价税合计（大写） | ⊗壹佰玖拾玖万肆仟捌佰伍拾元整 | | | | （小写）￥1994850.00 | | |

| 销货单位 | 名　　称：石家庄明珠纺纱厂<br>纳税人识别号：519988796192341<br>地址、电话：石市丰收路 27 号 0311－58208997<br>开户行及账号：工行丰收办 051－3256－158 | 备注 | 石家庄明珠纺纱厂<br>发票专用章 |
|---|---|---|---|

收款人：　　　复核：　　　开票人：李梅　税号：519988796192341（章）

第二联　发票联　购货方记账凭证

附表 3-3-2

**河北省增值税专用发票**

抵扣联

No.07330256

1300121140

开票日期：2014 年 3 月 1 日

| 购货单位 | 名　　称：石家庄仁华纺织有限公司 |
| | 纳税人识别号：440122312560623 |
| | 地址、电话：友谊大街 181 号 0311-83636336 |
| | 开户行及账号：工行友谊支行 0018-0015-8687 |

密码区　　略

| 货物及应税劳务名称 | 规格型号 | 单位 | 数量 | 单价 | 金额 | 税率 | 税额 |
|---|---|---|---|---|---|---|---|
| 纯棉 10 支纱 | | 千克 | 45000 | 21.00 | 945000.00 | 17% | 160650.00 |
| 纯棉 7 支纱 | | 千克 | 40000 | 19.00 | 760000.00 | 17% | 129200.00 |
| 合　计 | | | | | ￥1705000.00 | | ￥289850.00 |

| 价税合计（大写） | ⊗壹佰玖拾玖万肆仟捌佰伍拾元整 | （小写）￥1994850.00 |

| 销货单位 | 名　　称：石家庄明珠纺纱厂 |
| | 纳税人识别号：519988796192341 |
| | 地址、电话：丰收路 27 号 0311-58208897 |
| | 开户行及账号：工行丰收办 051-3256-158 |

注　发票专用章

收款人：　　复核：　　开票人：李梅　税号：519988796192341（销货单位盖章）

---

附表 3-3-3

**收料单**

2014 年 3 月 1 日

No.045331

供货单位：石家庄明珠纺纱厂

| 编号 | 材料名称 | 规格 | 送验数量 | 实收数量 | 单位 | 单价 | 运杂费 | 实际成本 金额 千 | 百 | 十 | 万 | 千 | 百 | 十 | 元 | 角 | 分 |
|---|---|---|---|---|---|---|---|---|---|---|---|---|---|---|---|---|---|
| 003 | 纯棉纱 | 10 支 | 45 000 | 45 000 | 千克 | 21.00 | | | | 9 | 4 | 5 | 0 | 0 | 0 | 0 | 0 |
| 004 | 纯棉纱 | 7 支 | 40 000 | 40 000 | 千克 | 19.00 | | | | 7 | 6 | 0 | 0 | 0 | 0 | 0 | 0 |
| | | | | | | | | | | | | | | | | | |
| 合　计 | | | | | | | | ￥ | 1 | 7 | 0 | 5 | 0 | 0 | 0 | 0 | 0 |

实际单位成本：10 支纱 21.00 元；7 支纱 19.00　　　附单据 3 张

主管：　　会计：　　保管：冯磊　　复核：　　验收：张志强

附表 3-4-1

**领料单**

领用单位：基本生产车间　　　　　　2014 年 3 月 2 日　　　　　　凭证编号：031

用　途：生产纯棉纱卡　　　　　　　　　　　　　　　　　　　发料仓库：1 号

| 材料编号 | 材料名称 | 规格 | 计量单位 | 数量 | | 单价 | 金额 |
|---|---|---|---|---|---|---|---|
| | | | | 请领 | 实发 | | |
| 003 | 纯棉纱 | 10 支 | 千克 | 27 000 | 27 000 | | |
| | | | | | | | |
| | | | | | | | |
| 合　计 | | | | | | | |
| 备　注 | | | | | | 附单据　张 | |

领料人：张兵　　　　发料人：冯磊　　　　　领料部门负责人：赵小刚

附表 3-4-2

**领料单**

领用单位：基本生产车间　　　　　　2014 年 3 月 2 日　　　　　　凭证编号：032

用　途：生产纯棉纱卡　　　　　　　　　　　　　　　　　　　发料仓库：1 号

| 材料编号 | 材料名称 | 规格 | 计量单位 | 数量 | | 单价 | 金额 |
|---|---|---|---|---|---|---|---|
| | | | | 请领 | 实发 | | |
| 004 | 纯棉纱 | 7 支 | 千克 | 21 600 | 21 600 | | |
| | | | | | | | |
| | | | | | | | |
| 合　计 | | | | | | | |
| 备　注 | | | | | | 附单据　张 | |

领料人：张兵　　　　发料人：冯磊　　　　　领料部门负责人：赵小刚

附表 3-4-3

**领料单**

领用单位：基本生产车间　　　　　　2014 年 3 月 2 日　　　　　　凭证编号：033

用　途：生产涤棉平布与涤棉斜纹　　　　　　　　　　　　　　发料仓库：1 号

| 材料编号 | 材料名称 | 规格 | 计量单位 | 数量 | | 单价 | 金额 |
|---|---|---|---|---|---|---|---|
| | | | | 请领 | 实发 | | |
| 001 | 涤棉绵纱 | 45 支 | 千克 | 25 000 | 25 000 | | |
| | | | | | | | |
| | | | | | | | |
| 合　计 | | | | | | | |
| 备　注 | | | | | | 附单据　张 | |

领料人：张兵　　　　发料人：冯磊　　　　　领料部门负责人：赵小刚

第三联　给财务科

**附表 3－4－4**　　　　　　　　**材料费用分配表**

原材料名称：涤棉 45 支纱　　　　2014 年 3 月 2 日

| 受益产品名称 | 产品产量 | 单位消耗定额 | 定额消耗量 | 分配率 | 分配材料金额 |
|---|---|---|---|---|---|
| 涤棉平布 | | | | | |
| 涤棉斜纹 | | | | | |
| 合　计 | | | | | |

主管：　　　　会计：　　　　　　复核：　　　　　　　　制表：

**附表 3－4－5**　　　　　　　　　　**领料单**

领用单位：生产车间　　　　2014 年 3 月 2 日　　　　凭证编号：034

用　　途：生产三种布料　　　　　　　　　　　　　发料仓库：1 号

| 材料编号 | 材料名称 | 规格 | 计量单位 | 数量 | | 单价 | 金额 |
|---|---|---|---|---|---|---|---|
| | | | | 请领 | 实发 | | |
| 002 | PVA 浆料 | | 千克 | 5 160 | 5 160 | | |
| | | | | | | | |
| | | | | | | | |
| 合　计 | | | | | | | |
| 备　注 | | | | | | 附单据　张 | |

领料人：张兵　　　　发料人：冯磊　　　　领料部门负责人：赵小刚

**附表 3－4－6**　　　　　　　　**材料费用分配表**

原材料名称：PVA 浆料　　　　2014 年 3 月 2 日

| 受益产品名称 | 产品产量 | 单位消耗定额 | 定额消耗量 | 分配率 | 分配材料金额 |
|---|---|---|---|---|---|
| 涤棉平布 | | | | | |
| 涤棉斜纹 | | | | | |
| 纯棉纱卡 | | | | | |
| 合　计 | | | | | |

主管：　　　　会计：　　　　　　复核：　　　　　　　　制表：

**附表 3-5-1**

山东省增值税专用发票　　　　No. 37360576

3700121140　　　　发票联发票监制章　　　开票日期：2014 年 2 月 28 日

| 购货单位 | 名　　称：石家庄仁华纺织有限公司 | | | | | 密码区 | 略 | |
|---|---|---|---|---|---|---|---|---|
| | 纳税人识别号：440122312560623 | | | | | | | |
| | 地址、电话：友谊大街 181 号 0311-83636336 | | | | | | | |
| | 开户行及账号：工行友谊支行 0018-0015-8687 | | | | | | | |

| 货物及应税劳务名称 | 规格型号 | 单位 | 数量 | 单价 | 金额 | 税率 | 税额 |
|---|---|---|---|---|---|---|---|
| 涤棉纱 | 45 支 | 千克 | 50000 | 18.60 | 930000.00 | 17% | 158100.00 |
| 合　计 | | | | | 930000.00 | | 158100.00 |

| 价税合计（大写） | ⊗壹佰零捌万捌仟壹佰元整　　　　　（小写）￥1088100.00 |
|---|---|

| 销货单位 | 名　　称：山东森达纺织有限公司 | 备注 |
|---|---|---|
| | 纳税人识别号：234567891234567 | 发票专用章 |
| | 地址、电话：济南泉城路 67 号 0531-78934453 | 税号：234567891234567 |
| | 开户行及账号：工行槐中办 12-8425-331 | |

收款人：　　　　复核：　　　　开票人：汪华　　　　销货单位（章）：

第二联 发票联 购货方记账凭证

---

**附表 3-5-2**

山东省增值税专用发票　　　　No. 37360576

3700121140　　　　抵扣联　　　开票日期：2014 年 2 月 28 日

| 购货单位 | 名　　称：石家庄仁华纺织有限公司 | | | | | 密码区 | 略 | |
|---|---|---|---|---|---|---|---|---|
| | 纳税人识别号：440122312560623 | | | | | | | |
| | 地址、电话：友谊大街 181 号 0311-83636336 | | | | | | | |
| | 开户行及账号：工行友谊支行 0018-0015-8687 | | | | | | | |

| 货物及应税劳务名称 | 规格型号 | 单位 | 数量 | 单价 | 金额 | 税率 | 税额 |
|---|---|---|---|---|---|---|---|
| 涤棉纱 | 45 支 | 千克 | 50000 | 18.60 | 930000.00 | 17% | 158100.00 |
| 合　计 | | | | | 930000.00 | | 158100.00 |

| 价税合计（大写） | ⊗壹佰零捌万捌仟壹佰元整　　　　　（小写）￥1088100.00 |
|---|---|

| 销货单位 | 名　　称：山东森达纺织有限公司 | 备注 |
|---|---|---|
| | 纳税人识别号：234567891234567 | 发票专用章 |
| | 地址、电话：济南泉城路 67 号 0531-78934453 | 税号：234567891234567 |
| | 开户行及账号：工行槐中办 12-8425-331 | |

收款人：　　　　复核：　　　　开票人：汪华　　　　销货单位（章）：

第三联 抵扣联 购货方扣税凭证

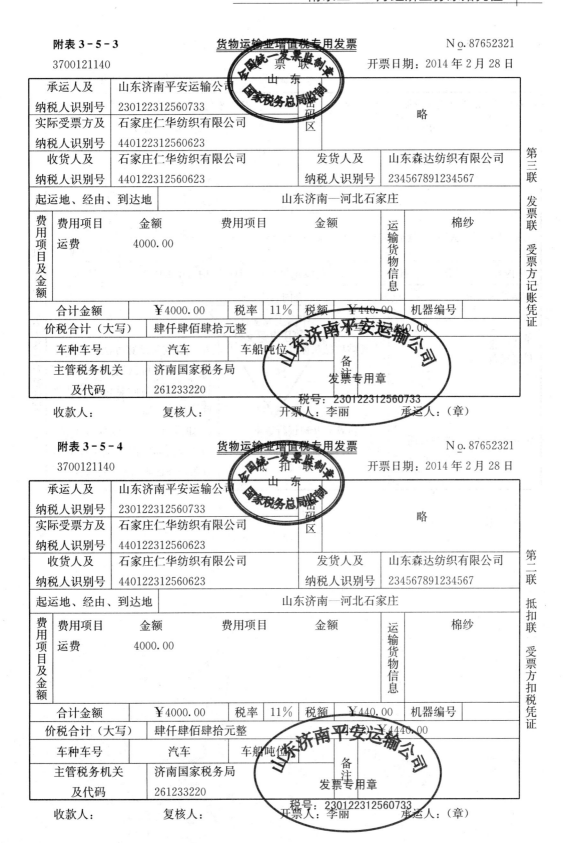

**附表 3-5-3**

3700121140

货物运输业增值税专用发票　　　　　Nо.87652321

开票日期：2014 年 2 月 28 日

| 承运人及纳税人识别号 | 山东济南平安运输公司 230122312560733 | | 略 | |
| 实际受票方及纳税人识别号 | 石家庄仁华纺织有限公司 440122312560623 | | | |
| 收货人及纳税人识别号 | 石家庄仁华纺织有限公司 440122312560623 | 发货人及纳税人识别号 | 山东森达纺织有限公司 234567891234567 | |
| 起运地、经由、到达地 | 山东济南—河北石家庄 | | | |
| 费用项目及金额 | 费用项目　金额<br>运费　　　4000.00 | 费用项目　金额 | 运输货物信息 | 棉纱 |
| 合计金额 | ￥4000.00 | 税率 11% 税额 ￥440.00 | 机器编号 | |
| 价税合计（大写） | 肆仟肆佰肆拾元整 | | | ￥4440.00 |
| 车种车号 | 汽车 | 车船吨位 | | |
| 主管税务机关及代码 | 济南国家税务局 261233220 | 备注 发票专用章 税号：230122312560733 | | |

收款人：　　　复核人：　　　开票人：李丽　　　承运人：（章）

第三联　发票联　受票方记账凭证

---

**附表 3-5-4**

3700121140

货物运输业增值税专用发票　　　　　Nо.87652321

开票日期：2014 年 2 月 28 日

| 承运人及纳税人识别号 | 山东济南平安运输公司 230122312560733 | | 略 | |
| 实际受票方及纳税人识别号 | 石家庄仁华纺织有限公司 440122312560623 | | | |
| 收货人及纳税人识别号 | 石家庄仁华纺织有限公司 440122312560623 | 发货人及纳税人识别号 | 山东森达纺织有限公司 234567891234567 | |
| 起运地、经由、到达地 | 山东济南—河北石家庄 | | | |
| 费用项目及金额 | 费用项目　金额<br>运费　　　4000.00 | 费用项目　金额 | 运输货物信息 | 棉纱 |
| 合计金额 | ￥4000.00 | 税率 11% 税额 ￥440.00 | 机器编号 | |
| 价税合计（大写） | 肆仟肆佰肆拾元整 | | | ￥4440.00 |
| 车种车号 | 汽车 | 车船吨位 | | |
| 主管税务机关及代码 | 济南国家税务局 261233220 | 备注 发票专用章 税号：230122312560733 | | |

收款人：　　　复核人：　　　开票人：李丽　　　承运人：（章）

第二联　抵扣联　受票方扣税凭证

附表 3－5－5　　　　中国工商银行　托收凭证（付款通知）5　　　　No：0234532

委托日期：2014 年 2 月 28 日　　　　　　付款期限：2014 年 3 月 3 日

| 业务类型 | | 委托收款（□邮划，☑电划） | | | 托收承付（□邮划，□电划） | | | | | | | | | | | |
|---|---|---|---|---|---|---|---|---|---|---|---|---|---|---|---|---|
| 付款人 | 全称 | 石家庄仁华纺织有限公司 | | | 收款人 | 全称 | 山东森达纺织有限公司 | | | | | | | | | |
| | 账号 | 0018－0015－8687 | | | | 账号 | 12－8425－331 | | | | | | | | | |
| | 地址 | 河北省石家庄市　县 | 开户行 | 工行友谊支行 | | 地址 | 山东省济南市　县 | 开户行 | 工行槐中办 | | | | | | | |
| 金额 | 人民币（大写）　壹佰零玖万贰仟伍佰肆拾元整 | | | | | | 千 | 百 | 十 | 万 | 千 | 百 | 十 | 元 | 角 | 分 |
| | | | | | | | ¥ | 1 | 0 | 9 | 2 | 5 | 4 | 0 | 0 | 0 |
| 款项内容 | 货款 | 托收凭证名称 | 托收承付结算凭证 | | 附寄单据张数 | | 3 张 | | | | | | | | | |
| 商品发运情况 | | 已发运 | 合同名称号码 | | | | | | | | | | | | | |

备注：
代垫运费 4 440.00 元

上述款项已从你方账户划出
中国工商银行
石家庄友谊支行
2014.03.03
转讫

付款人开户银行收到日期
　年　月　日

付款人开户银行签章
2014 年 3 月 3 日

付款人注意：
1. 根据支付结算办法，上列托收款项，在付款期限内未提出拒付，即视为同意付款。以此联代付款通知。
2. 如需提出全部或部分拒付，应在承付期限内将拒付理由书并附债务证明送银行办理。

此联是付款人开户银行给付款人按期付款通知

附表 3－6－1

**河北省增值税专用发票**

No.06320242

1300121140

此联不作报销 抵税凭证

开票日期：2014 年 3 月 4 日

| 购货单位 | 名 称：石家庄常山印染股份有限公司 纳税人识别号：216667876855643 地 址、电 话：建华大街 81 号 0311－83656634 开户行及账号：石家庄工行建华办 21－2256－101 | | | | 密码区 | 略 | | |
|---|---|---|---|---|---|---|---|---|
| 货物及应税劳务名称 | 规格型号 | 单位 | 数量 | 单价 | 金额 | 税率 | 税额 |
| 涤棉平布 | 幅宽 1.6 | 米 | 150000 | 6.50 | 975000.00 | 17% | 165750.00 |
| 涤棉斜纹 | 幅宽 1.6 | 米 | 90000 | 8.50 | 765000.00 | | 130050.00 |
| 合 计 | | | | | 1740000.00 | | 295800.00 |

| 价税合计（大写） | ⊗贰佰零叁万伍仟捌佰元整 ￥2035800.00 | |
|---|---|---|
| 销货单位 | 名 称：石家庄仁华纺织有限公司 纳税人识别号：440122312560623 地 址、电 话：石家庄市友谊大街 181 号 开户行及账号：工行友谊支行 0018－0015－8687 | 发票专用章 税号：440122312560623 |

收款人： 复核： 开票人：李立明 销货单位（章）：

附表 3－6－2

**产品出库单**

2014 年 3 月 4 日

第 28 号

| 类别 | 名称及规格 | 单位 | 数量 | | 单位成本 | 金额 | | | | | | | | 附注 |
|---|---|---|---|---|---|---|---|---|---|---|---|---|---|---|
| | | | 请购 | 实发 | | 十万 | 千 | 百 | 十 | 元 | 角 | 分 | |
| 主要产品 | 涤棉平布 | 米 | 150 000 | 150 000 | | | | | | | | | |
| 主要产品 | 涤棉斜纹 | 米 | 90 000 | 90 000 | | | | | | | | | |
| | | | | | | | | | | | | | |
| | | | | | | | | | | | | | |
| 合 计 | | | | | | | | | | | | | |

会计： 仓库主管： 保管：冯磊 经手： 制单：李全友

附表 3－6－3　　　　　**中国工商银行　进账单（收账通知）　1**

2014 年 3 月 4 日　　　　　　　　　　　　　　　　第 31 号

| 出票人 | 全　称 | 石家庄常山印染股份有限公司 | 收款人 | 全　称 | 石家庄仁华纺织有限公司 |
|---|---|---|---|---|---|
| | 账　号 | 21－2256－101 | | 账　号 | 0018－0015－8687 |
| | 开户银行 | 石家庄市工行建华办 | | 开户银行 | 石家庄工商银行友谊支行 |

人民币（大写）贰佰零叁万伍仟捌佰元整

| 千 | 百 | 十 | 万 | 千 | 百 | 十 | 元 | 角 | 分 |
|---|---|---|---|---|---|---|---|---|---|
| ¥ | 2 | 0 | 3 | 5 | 8 | 0 | 0 | 0 | 0 |

| 票据种类 | 转账支票 | 票据张数 | 1张 |
|---|---|---|---|
| 票据号码 | 10000358 | | |

中国工商银行
石家庄友谊支行
2014.03.04
转讫

复核：　　　记账：　　　　　　　　　　　　　开户银行盖章

此联是收款人开户银行交持票人的收账通知

附表 3－7－1　　　　　**中华人民共和国
增值税税收缴款书**

填发日期：2014 年 3 月 5 日　　　收入机关：石家庄税务局

| 缴款单位 | 代码 | 440122312560623 | 预算科目 | 款项 | 增值税 |
|---|---|---|---|---|---|
| | 全称 | 石家庄仁华纺织有限公司 | | 级次 | 市级 |
| | 开户银行 | 工商银行友谊支行 | | 收款国库 | 中心支库 |
| | 账号 | 0018－0015－8687 | | | |

| 税款所属时期 2014 年 2 月 1 日 | | | | | 税款限缴日期 2014 年 2 月 28 日 | | | | | | | | |
|---|---|---|---|---|---|---|---|---|---|---|---|---|---|
| 品目名称 | 课税数量 | 计税金额或销售收入 | 税率或单位税额 | 已缴或扣除额 | 实缴金额 | | | | | | | | |
| | | | | | 百 | 十 | 万 | 千 | 百 | 十 | 元 | 角 | 分 |
| 增值税 | | | | | | | | | | | | | |
| | | | | | | | | | | | | | |
| | | | | | | | | | | | | | |
| 合　计 | | | | | | | | | | | | | |

金额合计　人民币（大写）　仟　佰　拾　万　仟　佰　拾　元　角　分

石家庄仁华纺织有限公司

石家庄国家税务局
★
税务机关
盖章
税务专用章

缴款单位
（盖章）

中国工商银行
石家庄友谊支行
上列款项已收妥并划转收款单位账户
国库（银行）
盖章 2014 年 3 月 5 日
2014.03.05
转讫

附表 3−7−2

## 中华人民共和国
## 个人所得税税收缴款书

填发日期：2014 年 3 月 5 日          收入机关：石家庄税务局

<table>
<tr>
<td rowspan="4">缴款单位</td>
<td>代码</td>
<td colspan="3">440122312560623</td>
<td rowspan="4">预算科目</td>
<td>款项</td>
<td colspan="10">个人所得税</td>
</tr>
<tr>
<td>全称</td>
<td colspan="3">石家庄仁华纺织有限公司</td>
<td>级次</td>
<td colspan="10">市级</td>
</tr>
<tr>
<td>开户银行</td>
<td colspan="3">工商银行友谊支行</td>
<td rowspan="2">收款国库</td>
<td colspan="10" rowspan="2">中心支库</td>
</tr>
<tr>
<td>账号</td>
<td colspan="3">0018−0015−8687</td>
</tr>
<tr>
<td colspan="5">税款所属时期 2014 年 2 月 1 日</td>
<td colspan="12">税款限缴日期 2014 年 2 月 28 日</td>
</tr>
<tr>
<td rowspan="2">品目名称</td>
<td rowspan="2">课税数量</td>
<td rowspan="2">计税金额</td>
<td rowspan="2" colspan="2">税率</td>
<td rowspan="2">已缴或扣除额</td>
<td colspan="11">实缴金额</td>
</tr>
<tr>
<td>百</td>
<td>十</td>
<td>万</td>
<td>千</td>
<td>百</td>
<td>十</td>
<td>元</td>
<td>角</td>
<td>分</td>
</tr>
<tr>
<td>个人所得税</td>
<td></td>
<td></td>
<td colspan="2"></td>
<td></td>
<td></td>
<td></td>
<td></td>
<td></td>
<td></td>
<td></td>
<td></td>
<td></td>
<td></td>
</tr>
<tr>
<td></td>
<td></td>
<td></td>
<td colspan="2"></td>
<td></td>
<td></td>
<td></td>
<td></td>
<td></td>
<td></td>
<td></td>
<td></td>
<td></td>
<td></td>
</tr>
<tr>
<td></td>
<td></td>
<td></td>
<td colspan="2"></td>
<td></td>
<td></td>
<td></td>
<td></td>
<td></td>
<td></td>
<td></td>
<td></td>
<td></td>
<td></td>
</tr>
<tr>
<td>合　计</td>
<td></td>
<td></td>
<td colspan="2"></td>
<td></td>
<td></td>
<td></td>
<td></td>
<td></td>
<td></td>
<td></td>
<td></td>
<td></td>
<td></td>
</tr>
<tr>
<td>金额合计</td>
<td colspan="16">人民币（大写）　仟 佰 拾 万 仟 佰 拾 元 角 分</td>
</tr>
</table>

缴款单位
（盖章）

税务机关
（盖章）

税务专用章

上列款项已收妥并划转贵单位账户
国库（银行）盖章 2014 年 3 月 5 日

中国工商银行
石家庄友谊支行
2014.03.05
转讫

中华人民共和国

附表 3-7-3

税收（城市维护建设税专用）缴款书

填发日期：2014 年 3 月 5 日　　　收入机关：石家庄税务局

| 缴款单位 | 代码 | 440122312560623 | 预算科目 | 款项 | 城建税 | | | | | | | | |
|---|---|---|---|---|---|---|---|---|---|---|---|---|---|
| | 全称 | 石家庄仁华纺织有限公司 | | 级次 | 市级 | | | | | | | | |
| | 开户银行 | 工商银行友谊支行 | | 收款国库 | 中心支库 | | | | | | | | |
| | 账号 | 0018-0015-8687 | | | | | | | | | | | |

| 税款所属时期 2014 年 2 月 1 日 | | 税款限缴日期 2014 年 2 月 28 日 | | | | | | | | | | | |
|---|---|---|---|---|---|---|---|---|---|---|---|---|---|
| 计征金额 | | 征收比例 | 实缴金额 | | | | | | | | | | |
| 项目名称 | 计征金额 | | 百 | 十 | 万 | 千 | 百 | 十 | 元 | 角 | 分 | | |
| 增值税 | | 7% | | | | | | | | | | | |
| 消费税 | | | | | | | | | | | | | |
| 营业税 | | | | | | | | | | | | | |
| 合　计 | | | | | | | | | | | | | |

| 金额合计 | 人民币（大写）　　仟　佰　拾　万　仟　佰　拾　元　角　分 |
|---|---|

| 缴款单位<br>（盖章） | 税务机关<br>税务专用章 | 上列款项已收妥并划转单位账户<br>国库（银行）<br>盖章 2014 年 3 月 5 日 |
|---|---|---|

中国工商银行
石家庄友谊支行

附表 3-7-4

中华人民共和国
税收（教育费附加专用）缴款书

填发日期：2014 年 3 月 5 日　　　收入机关：石家庄税务局

| 缴款单位 | 代码 | 440122312560623 | 预算科目 | 款项 | | 教育费附加 | | | | | | |
|---|---|---|---|---|---|---|---|---|---|---|---|---|
| | 全称 | 石家庄仁华纺织有限公司 | | 级次 | | 市级 | | | | | | |
| | 开户银行 | 工商银行友谊支行 | | 收款国库 | | 中心支库 | | | | | | |
| | 账号 | 0018-0015-8687 | | | | | | | | | | |

| 税款所属时期 2014 年 2 月 1 日 | | | 税款限缴日期 2014 年 2 月 28 日 | | | | | | | | |
|---|---|---|---|---|---|---|---|---|---|---|---|
| 计征金额 | | | 征收比例 | 实缴金额 | | | | | | | |
| 项目名称 | 计征金额 | | | 百 | 十 | 万 | 千 | 百 | 十 | 元 | 角 | 分 |
| 增值税 | | | 3% | | | | | | | | | |
| 消费税 | | | | | | | | | | | | |
| 营业税 | | | | | | | | | | | | |
| 合 计 | | | | | | | | | | | | |

| 金额合计 | 人民币（大写）　　仟 佰 拾 万 仟 佰 拾 元 角 分 |
|---|---|

| 缴款单位<br>（盖章） | 税务机关<br>税务专用章 | 上列款项已收妥并划转收款单位账户<br>国库（银行）<br>盖章 2014 年 3 月 5 日 |
|---|---|---|

中国工商银行
石家庄友谊支行
2014.03.05
转讫

**附表 3-8-1**

3100122140

上海市增值税专用发票

N<u>o</u>.17331287

开票日期：2014 年 3 月 6 日

| 购货单位 | 名　　　　称：石家庄仁华纺织有限公司 | | | | | 密码区 | | 略 | |
|---|---|---|---|---|---|---|---|---|---|
| | 纳税人识别号：440122312560623 | | | | | | | | |
| | 地址、电话：友谊大街 181 号 0311－83636336 | | | | | | | | |
| | 开户行及账号：工行友谊支行 0018－0015－8687 | | | | | | | | |

| 货物及应税劳务名称 | 规格型号 | 单位 | 数量 | 单价 | 金额 | 税率 | 税额 |
|---|---|---|---|---|---|---|---|
| PVA 浆料 | | 千克 | 9000 | 15.90 | 143100.00 | 17％ | 24327.00 |
| 合　计 | | | | | 143100.00 | | 24327.00 |

| 价税合计（大写） | ⊗壹拾陆万柒仟肆佰贰拾柒元整 | （小写）￥167427.00 |
|---|---|---|

| 销货单位 | 名　　　　称：上海东方化工有限公司 | | 备 | |
|---|---|---|---|---|
| | 纳税人识别号：588992325069854 | | | |
| | 地址、电话：上海市北京路 6 号 021－69833352 | | | |
| | 开户行及账号：上海工行大华办 58－8425－531 | 税号：588992325069854 | | |

收款人：　　　复核：　　　开票人：李长江　　　销货单位（章）：

第二联 发票联 购货方记账凭证

---

**附表 3-8-2**

3100122140

上海市增值税专用发票

N<u>o</u>.17331287

开票日期：2014 年 3 月 6 日

| 购货单位 | 名　　　　称：石家庄仁华纺织有限公司 | | | | | 密码区 | | 略 | |
|---|---|---|---|---|---|---|---|---|---|
| | 纳税人识别号：440122312560623 | | | | | | | | |
| | 地址、电话：友谊大街 181 号 0311－83636336 | | | | | | | | |
| | 开户行及账号：工行友谊支行 0018－0015－8687 | | | | | | | | |

| 货物及应税劳务名称 | 规格型号 | 单位 | 数量 | 单价 | 金额 | 税率 | 税额 |
|---|---|---|---|---|---|---|---|
| PVA 浆料 | | 千克 | 9000 | 15.90 | 143100.00 | 17％ | 24327.00 |
| 合　计 | | | | | 143100.00 | | 24327.00 |

| 价税合计（大写） | ⊗壹拾陆万柒仟肆佰贰拾柒元整 | （小写）￥167427.00 |
|---|---|---|

| 销货单位 | 名　　　　称：上海东方化工有限公司 | | 备 | |
|---|---|---|---|---|
| | 纳税人识别号：588992325069854 | | | |
| | 地址、电话：上海市北京路 6 号 021－69833352 | | | |
| | 开户行及账号：上海工行大华办 58－8425－531 | 税号：588992325069854 | | |

收款人：　　　复核：　　　开票人：李长江　　　销货单位（章）：

第三联 抵扣联 购货方扣税凭证

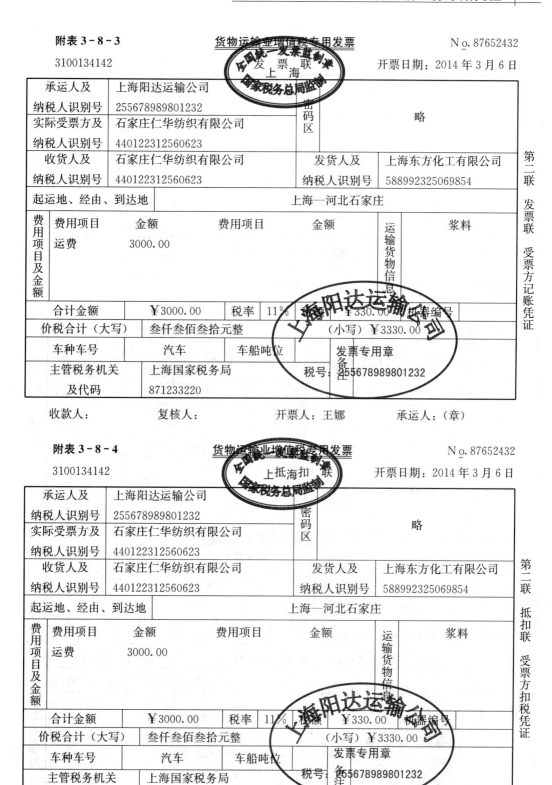

附表 3 - 8 - 3

3100134142

货物运输业增值税专用发票

发票联
上海

No.87652432

开票日期：2014 年 3 月 6 日

| 承运人及 | 上海阳达运输公司 | | | | | |
| 纳税人识别号 | 255678989801232 | | | 密码区 | 略 | |
| 实际受票方及 | 石家庄仁华纺织有限公司 | | | | | |
| 纳税人识别号 | 440122312560623 | | | | | |
| 收货人及 | 石家庄仁华纺织有限公司 | | 发货人及 | 上海东方化工有限公司 | | |
| 纳税人识别号 | 440122312560623 | | 纳税人识别号 | 588992325069854 | | |
| 起运地、经由、到达地 | | 上海—河北石家庄 | | | | |

| 费用项目及金额 | 费用项目 | 金额 | 费用项目 | 金额 | 运输货物信息 | 浆料 |
| | 运费 | 3000.00 | | | | |

| 合计金额 | ￥3000.00 | 税率 | 11% | 税额 | ￥330.00 | 机器编号 |
| 价税合计（大写） | 叁仟叁佰叁拾元整 | | | （小写）￥3330.00 | | |
| 车种车号 | 汽车 | 车船吨位 | | 发票专用章 备注 | | |
| 主管税务机关及代码 | 上海国家税务局 871233220 | | | 税号：255678989801232 | | |

收款人：　　　复核人：　　　开票人：王娜　　　承运人：（章）

第二联　发票联　受票方记账凭证

---

附表 3 - 8 - 4

3100134142

货物运输业增值税专用发票

上抵海扣

No.87652432

开票日期：2014 年 3 月 6 日

| 承运人及 | 上海阳达运输公司 | | | | | |
| 纳税人识别号 | 255678989801232 | | | 密码区 | 略 | |
| 实际受票方及 | 石家庄仁华纺织有限公司 | | | | | |
| 纳税人识别号 | 440122312560623 | | | | | |
| 收货人及 | 石家庄仁华纺织有限公司 | | 发货人及 | 上海东方化工有限公司 | | |
| 纳税人识别号 | 440122312560623 | | 纳税人识别号 | 588992325069854 | | |
| 起运地、经由、到达地 | | 上海—河北石家庄 | | | | |

| 费用项目及金额 | 费用项目 | 金额 | 费用项目 | 金额 | 运输货物信息 | 浆料 |
| | 运费 | 3000.00 | | | | |

| 合计金额 | ￥3000.00 | 税率 | 11% | 税额 | ￥330.00 | 机器编号 |
| 价税合计（大写） | 叁仟叁佰叁拾元整 | | | （小写）￥3330.00 | | |
| 车种车号 | 汽车 | 车船吨位 | | 发票专用章 备注 | | |
| 主管税务机关及代码 | 上海国家税务局 871233220 | | | 税号：255678989801232 | | |

收款人：　　　复核人：　　　开票人：王娜　　　承运人：（章）

第二联　抵扣联　受票方扣税凭证

附表 3-8-5

## 收料单

2014 年 3 月 6 日

N o.045332

| 供货单位：上海东方化工有限公司 | | | | | | | | 实际成本 | | | | | | | | | |
| 编号 | 材料名称 | 规格 | 送验数量 | 实收数量 | 单位 | 单价 | 运杂费 | 金额 | | | | | | | | | |
| | | | | | | | | 千 | 百 | 十 | 万 | 千 | 百 | 十 | 元 | 角 | 分 |
| 002 | PVA 浆料 | | 9 000 | 9 000 | 千克 | 15.90 | 3 000 | | | 1 | 4 | 6 | 1 | 0 | 0 | 0 | 0 |
| | | | | | | | | | | | | | | | | | |
| | | | | | | | | | | | | | | | | | |
| 合　计 | | | | | | | | ￥ | | 1 | 4 | 6 | 1 | 0 | 0 | 0 | 0 |
| 实际单位成本：￥16.23 | | | | | | | | 附单据 3 张 | | | | | | | | | |

主管：　　　会计：　　　保管：冯磊　　　复核：　　　　验收：张志强

附表 3-9-1

## 收料单

2014 年 3 月 7 日

N o.045333

| 供货单位：山东森达纺织有限公司 | | | | | | | | 实际成本 | | | | | | | | | |
| 编号 | 材料名称 | 规格 | 送验数量 | 实收数量 | 单位 | 单价 | 运杂费 | 金额 | | | | | | | | | |
| | | | | | | | | 千 | 百 | 十 | 万 | 千 | 百 | 十 | 元 | 角 | 分 |
| 001 | 涤棉纱 | 45 支 | 50 000 | 50 000 | 千克 | 18.60 | 4 000 | | | | 9 | 3 | 4 | 0 | 0 | 0 | 0 |
| | | | | | | | | | | | | | | | | | |
| | | | | | | | | | | | | | | | | | |
| 合　计 | | | | | | | | ￥ | | | 9 | 3 | 4 | 0 | 0 | 0 | 0 |
| 实际单位成本：￥18.68 | | | | | | | | 附单据 3 张 | | | | | | | | | |

主管：　　　会计：　　　保管：冯磊　　　复核：　　　　验收：张志强

附表 3-10-1

## 中国工商银行电汇凭证（回单）

□普通　　☑加急　　　　委托日期：2014 年 3 月 7 日　　　　N o.01325866

| 汇款人 | 全称 | 石家庄仁华纺织有限公司 | 收款人 | 全称 | 锦州纺织机械有限公司 | | | | | | | | | | |
| | 账号 | 0018-0015-8687 | | 账号 | 68-3466-423 | | | | | | | | | | |
| | 汇出地点 | 河北 省石家庄　市/县 | | 汇入地点 | 辽宁 省 锦州　市/县 | | | | | | | | | | |
| 汇出行名称 | | 工行友谊支行 | 汇入行名称 | | 工商银行锦州市支行 | | | | | | | | | | |
| 金额 | 人民币（大写）柒万肆仟陆佰肆拾元整 | | | | | 亿 | 千 | 百 | 十 | 万 | 千 | 百 | 十 | 元 | 角 | 分 |
| | | | | | | | | | ￥ | 7 | 4 | 6 | 4 | 0 | 0 | 0 |

中国工商银行
石家庄友谊支行
2014.02.25
转讫
汇出行签章

支付密码

附加信息及用途：货款及运费
款已从你单位账户汇出

复核：　　　记账：

**附表 3－10－2**
2100092140

辽宁省增值税专用发票

N o. 26331971

开票日期：2014 年 3 月 7 日

| 购货单位 | 名　称：石家庄仁华纺织有限公司 |
|---|---|
| | 纳税人识别号：440122312560623 |
| | 地址、电话：友谊大街 181 号 0311－83636336 |
| | 开户行及账号：工行友谊支行 0018－0015－8687 |

密码区　略

| 货物及应税劳务名称 | 规格型号 | 单位 | 数量 | 单价 | 金额 | 税率 | 税额 |
|---|---|---|---|---|---|---|---|
| 剑杆织布机 | F－4 | 台 | 5 | 12000.00 | 60000.00 | 17％ | 10200.00 |
| 合　计 | | | | | 60000.00 | | 10200.00 |

| 价税合计（大写） | ⊗柒万零贰佰元整　　　（小写）￥70200 00 |
|---|---|

| 销货单位 | 名　称：锦州纺织机械有限公司 |
|---|---|
| | 纳税人识别号：687754288981688 |
| | 地址、电话：锦州市解放路 89 号 0416－66578937 |
| | 开户行及账号：工行锦州市支行 68－3466－423 |

备　税号：687754288981688

收款人：　　复核：　　开票人：李江　　销货单位（章）：

第二联 发票联 购货方记账凭证

---

**附表 3－10－3**
2100092140

辽宁省增值税专用发票

N o. 26331971

开票日期：2014 年 3 月 7 日

| 购货单位 | 名　称：石家庄仁华纺织有限公司 |
|---|---|
| | 纳税人识别号：440122312560623 |
| | 地址、电话：友谊大街 181 号 0311－83636336 |
| | 开户行及账号：工行友谊支行 0018－0015－8687 |

密码区　略

| 货物及应税劳务名称 | 规格型号 | 单位 | 数量 | 单价 | 金额 | 税率 | 税额 |
|---|---|---|---|---|---|---|---|
| 剑杆织布机 | F－4 | 台 | 5 | 12000.00 | 60000.00 | 17％ | 10200.00 |
| 合　计 | | | | | 60000.00 | | 10200.00 |

| 价税合计（大写） | ⊗柒万零贰佰元整　　　（小写）￥70200 00 |
|---|---|

| 销货单位 | 名　称：锦州纺织机械有限公司 |
|---|---|
| | 纳税人识别号：687754288981688 |
| | 地址、电话：锦州市解放路 89 号 0416－66578937 |
| | 开户行及账号：工行锦州市支行 68－3466－423 |

备　税号：687754288981688

收款人：　　复核：　　开票人：李江　　销货单位（章）：

第三联 抵扣联 购货方扣税凭证

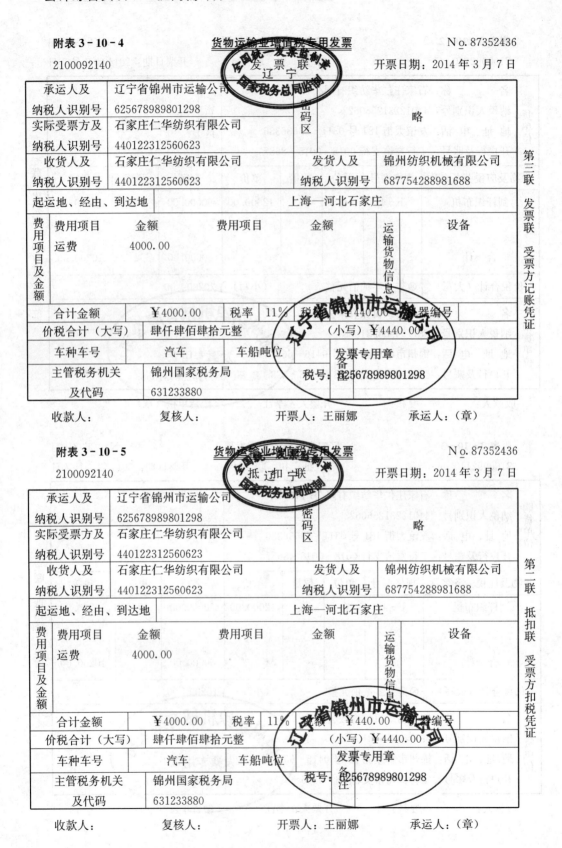

**附表 3－10－4**　　　　货物运输业增值税专用发票　　　　No. 87352436

2100092140　　　　　　　　　　　　　　　　　　　　　　开票日期：2014 年 3 月 7 日

| 承运人及 | 辽宁省锦州市运输公司 | | | 密码区 | 略 | |
|---|---|---|---|---|---|---|
| 纳税人识别号 | 625678989801298 | | | | | |
| 实际受票方及 | 石家庄仁华纺织有限公司 | | | | | |
| 纳税人识别号 | 440122312560623 | | | | | |
| 收货人及 | 石家庄仁华纺织有限公司 | | 发货人及 | 锦州纺织机械有限公司 | | |
| 纳税人识别号 | 440122312560623 | | 纳税人识别号 | 687754288981688 | | |
| 起运地、经由、到达地 | | 上海—河北石家庄 | | | | |
| 费用项目及金额 | 费用项目　　金额 | | 费用项目　　金额 | | 运输货物信息 | 设备 |
| | 运费　　　4000.00 | | | | | |
| 合计金额 | ￥4000.00 | 税率 | 11% | 税额 | ￥440.00 | 器编号 |
| 价税合计（大写） | 肆仟肆佰肆拾元整 | | | （小写）￥4440.00 | | |
| 车种车号 | 汽车 | 车船吨位 | | 发票专用章 | | |
| 主管税务机关及代码 | 锦州国家税务局　631233880 | | | 税号：625678989801298 | | 备注 |

收款人：　　　复核人：　　　开票人：王丽娜　　　承运人：（章）

**附表 3－10－5**　　　　货物运输业增值税专用发票　　　　No. 87352436

2100092140　　　　　　　　　　　　　　　　　　　　　　开票日期：2014 年 3 月 7 日

| 承运人及 | 辽宁省锦州市运输公司 | | | 密码区 | 略 | |
|---|---|---|---|---|---|---|
| 纳税人识别号 | 625678989801298 | | | | | |
| 实际受票方及 | 石家庄仁华纺织有限公司 | | | | | |
| 纳税人识别号 | 440122312560623 | | | | | |
| 收货人及 | 石家庄仁华纺织有限公司 | | 发货人及 | 锦州纺织机械有限公司 | | |
| 纳税人识别号 | 440122312560623 | | 纳税人识别号 | 687754288981688 | | |
| 起运地、经由、到达地 | | 上海—河北石家庄 | | | | |
| 费用项目及金额 | 费用项目　　金额 | | 费用项目　　金额 | | 运输货物信息 | 设备 |
| | 运费　　　4000.00 | | | | | |
| 合计金额 | ￥4000.00 | 税率 | 11% | 税额 | ￥440.00 | 器编号 |
| 价税合计（大写） | 肆仟肆佰肆拾元整 | | | （小写）￥4440.00 | | |
| 车种车号 | 汽车 | 车船吨位 | | 发票专用章 | | |
| 主管税务机关及代码 | 锦州国家税务局　631233880 | | | 税号：625678989801298 | | 备注 |

收款人：　　　复核人：　　　开票人：王丽娜　　　承运人：（章）

**附表 3-10-6**　　　　　　　　**固定资产验收交接单**　　　　　　　　N o.0001236

2014 年 3 月 7 日　　　　　　　　　　　　　金额：元

| 资产名称 | 规格 | 计量单位 | 数量 | 单价或工程造价 | 安装费用 | 其他费用 | 合计 | 已提折旧 |
|---|---|---|---|---|---|---|---|---|
| 剑杆织布机 | F-4 | 台 | 5 | 12 000.00 | | 4 000.00 | 64 000.00 | |
| 资产来源 | 购买 | 制造日期 | 2014.3 | 使用年限 | 10 年 | 估计残值 | 3 200.00 | |
| 制造厂名 | 锦州纺机 | 年折旧率 | 9.5% | 使用部门 | 生产车间 | 附属设备 | 无 | |

合计人民币（大写）陆万肆仟元整　　　　　　（小写）￥64 000.00

验收人：刘静　　　　接管人：赵红斌　　　　主管：张佳珍　　　　会计：李立明

**附表 3-11-1**　　　　　　　　**领料单**

领用单位：机修车间　　　　　2014 年 3 月 8 日　　　　　凭证编号：035

用　　途：日常修理　　　　　　　　　　　　　　　　　　发料仓库：1 号

| 材料编号 | 材料名称 | 规格 | 计量单位 | 数量 请领 | 数量 实发 | 单价 | 金额 |
|---|---|---|---|---|---|---|---|
| 102 | 维修工具 | | 套 | 6 | 6 | | |
| | | | | | | | |
| | | | | | | | |
| 合　计 | | | | | | | |
| 备　注 | | | | | | 附单据　张 | |

领料人：张强　　　　发料人：冯磊　　　　领料部门负责人：李华

第三联　给财务科

**附表 3-11-2**　　　　　　　　**领料单**

领用单位：基本生产车间　　　2014 年 3 月 8 日　　　　　凭证编号：036

用　　途：一般耗用　　　　　　　　　　　　　　　　　　发料仓库：1 号

| 材料编号 | 材料名称 | 规格 | 计量单位 | 数量 请领 | 数量 实发 | 单价 | 金额 |
|---|---|---|---|---|---|---|---|
| 011 | 机油 | | 千克 | 30 | 30 | | |
| | | | | | | | |
| | | | | | | | |
| 合　计 | | | | | | | |
| 备　注 | | | | | | 附单据　张 | |

领料人：张兵　　　　发料人：冯磊　　　　领料部门负责人：赵小刚

第三联　给财务科

附表 3-12-1　　　　　　　**职工困难补助申请表**

2014 年 3 月 8 日

| 申请人姓名 | 王　辉 | | | 所在部门 | | 生产车间 | |
|---|---|---|---|---|---|---|---|
| 家庭人口 | 5 口，1 人工作 | | | 家庭人均月生活费 | | 不足 200 元 | |
| 申请困难补助理由 | 妻子下岗，父母多病无收入来源，女儿上学，日常生活难以维系 | | | | | | |
| 申请金额 | 500 元 | | | 现金付讫 | | | |
| 所在部门意见 | 属实<br>李文斌 | 工会意见 | 同意<br>张爱国 | 单位负责人 | 同意<br>陈凯华 | 会计主管 | 张佳珍 |
| 人民币（大写）伍佰元整 | | | | | 收款人签名 | | 王　辉 |

附表 3-13-1　　　　　　　**现金支票存根**

中国工商银行

现金支票存根

IV II：20496027

科　　目＿＿＿＿＿＿＿＿＿＿＿

对方科目＿＿＿＿＿＿＿＿＿＿＿

出票日期：2014 年 03 月 09 日

收款人：石家庄仁华纺织有限公司

金　额：￥2000.00

用　途：补足备用金

单位主管：　　会计：苏洋

附表 3-14-1　　　　　　　**借款借据**

借款日期：2014 年 3 月 9 日

| 借款部门 | 基本生产车间 | 借款理由 | 预借差旅费 | 借款人留存 |
|---|---|---|---|---|
| 借款金额（大写）贰仟元整 | | | ￥2000.00 | |
| 部门领导意见：同意　李文斌 | 现金付讫 | | 借款人签章：李建华 | |
| 备注： | | | | |

**附表 3 – 15 – 1**

河南省增值税专用发票　　　　No.01180232

41000134140　　　　　　　　　　　　　开票日期：2014 年 3 月 9 日

发　票　联
河南

| 购货单位 | 名　　　称：石家庄仁华纺织有限公司 | | | | 密码区 | 略 | | |
|---|---|---|---|---|---|---|---|---|
| | 纳税人识别号：440122312560623 | | | | | | | |
| | 地　址、电话：友谊大街 181 号 0311 – 83636336 | | | | | | | |
| | 开户行及账号：工行友谊支行 0018 – 0015 – 8687 | | | | | | | |

| 货物及应税劳务名称 | 规格型号 | 单位 | 数量 | 单价 | 金额 | 税率 | 税额 |
|---|---|---|---|---|---|---|---|
| 纯棉 10 支纱 | 10 支 | 千克 | 35000 | 19.80 | 693000.00 | 17% | 117810.00 |
| 纯棉 7 支纱 | 7 支 | 千克 | 30000 | 18.50 | 555000.00 | 17% | 94350.00 |
| 合　计 | | | | | ¥1248000.00 | | ¥212160.00 |

价税合计（大写）　⊗壹佰肆拾陆万零壹佰陆拾元整　　　（小写）¥1460160.00

| 销货单位 | 名　　　称：河南豫北纺纱厂 | 备注 |
|---|---|---|
| | 纳税人识别号：255678989809890 | |
| | 地　址、电话：安阳中华街 6 号 0372 – 59263368 | |
| | 开户行及账号：安阳工行中华办 25 – 2402 – 117 | 税号：255678989809890 |

河南豫北纺纱厂
发票专用章

收款人：　　　复核：　　　开票人：李燕　　　销货单位（章）：

第二联　发票联　购货方记账凭证

---

**附表 3 – 15 – 2**

河南省增值税专用发票　　　　No.01180232

41000134140　　　　　　　　　　　　　开票日期：2014 年 3 月 9 日

扣　联
河南

| 购货单位 | 名　　　称：石家庄仁华纺织有限公司 | | | | 密码区 | 略 | | |
|---|---|---|---|---|---|---|---|---|
| | 纳税人识别号：440122312560623 | | | | | | | |
| | 地　址、电话：友谊大街 181 号 0311 – 83636336 | | | | | | | |
| | 开户行及账号：工行友谊支行 0018 – 0015 – 8687 | | | | | | | |

| 货物及应税劳务名称 | 规格型号 | 单位 | 数量 | 单价 | 金额 | 税率 | 税额 |
|---|---|---|---|---|---|---|---|
| 纯棉 10 支纱 | 10 支 | 千克 | 35000 | 19.80 | 693000.00 | 17% | 117810.00 |
| 纯棉 7 支纱 | 7 支 | 千克 | 30000 | 18.50 | 555000.00 | 17% | 94350.00 |
| 合　计 | | | | | ¥1248000.00 | | ¥212160.00 |

价税合计（大写）　⊗壹佰肆拾陆万零壹佰陆拾元整　　　（小写）¥1460160.00

| 销货单位 | 名　　　称：河南豫北纺纱厂 | 备注 |
|---|---|---|
| | 纳税人识别号：255678989809890 | |
| | 地　址、电话：安阳中华街 6 号 0372 – 59263368 | |
| | 开户行及账号：安阳工行中华办 25 – 2402 – 117 | 税号：255678989809890 |

河南豫北纺纱厂
发票专用章

收款人：　　　复核：　　　开票人：李燕　　　销货单位（章）：

第三联　抵扣联　购货方扣税凭证

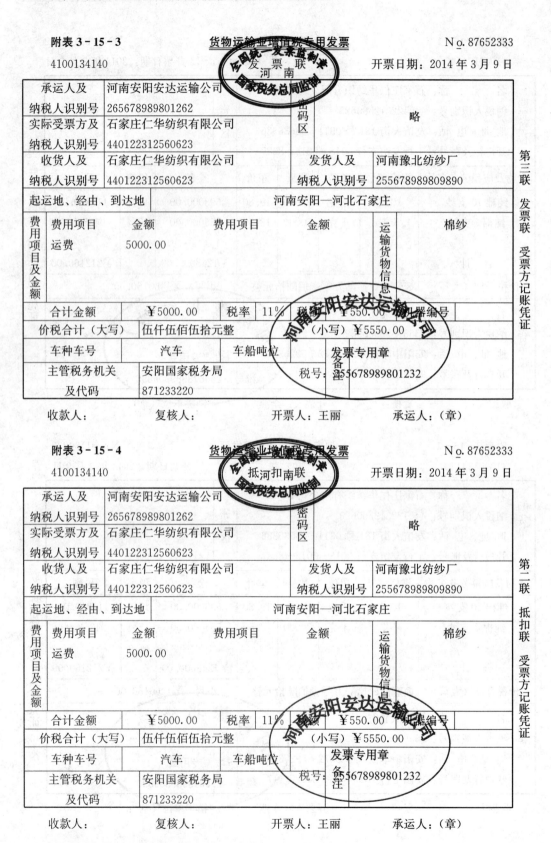

**附表 3 - 15 - 3**

货物运输业增值税专用发票　　　　Nο.87652333

4100134140

全国统一发票监制章
发票联
河南
国家税务总局监制

开票日期：2014 年 3 月 9 日

| 承运人及 | 河南安阳安达运输公司 | 密码区 | 略 | | 第三联 |
|---|---|---|---|---|---|
| 纳税人识别号 | 265678989801262 | | | | |
| 实际受票方及 | 石家庄仁华纺织有限公司 | | | | |
| 纳税人识别号 | 440122312560623 | | | | |
| 收货人及 | 石家庄仁华纺织有限公司 | 发货人及 | 河南豫北纺纱厂 | | 发票联 |
| 纳税人识别号 | 440122312560623 | 纳税人识别号 | 255678989809890 | | |
| 起运地、经由、到达地 | | 河南安阳—河北石家庄 | | | 受票方记账凭证 |

| 费用项目及金额 | 费用项目 | 金额 | 费用项目 | 金额 | 运输货物信息 | 棉纱 |
|---|---|---|---|---|---|---|
| | 运费 | 5000.00 | | | | |

| 合计金额 | ￥5000.00 | 税率 | 11% | 税额 | ￥550.00 | 机器编号 |
|---|---|---|---|---|---|---|
| 价税合计（大写） | 伍仟伍佰伍拾元整 | | | （小写）￥5550.00 | | |
| 车种车号 | 汽车 | 车船吨位 | | 发票专用章 | | |
| 主管税务机关及代码 | 安阳国家税务局 871233220 | | | 税号：255678989801232 | 备注 | |

河南安阳安达运输公司
发票专用章

收款人：　　　　复核人：　　　　开票人：王丽　　　　承运人：（章）

---

**附表 3 - 15 - 4**

货物运输业增值税专用发票　　　　Nο.87652333

4100134140

全国统一发票监制章
抵扣联
河南
国家税务总局监制

开票日期：2014 年 3 月 9 日

| 承运人及 | 河南安阳安达运输公司 | 密码区 | 略 | | 第二联 |
|---|---|---|---|---|---|
| 纳税人识别号 | 265678989801262 | | | | |
| 实际受票方及 | 石家庄仁华纺织有限公司 | | | | |
| 纳税人识别号 | 440122312560623 | | | | |
| 收货人及 | 石家庄仁华纺织有限公司 | 发货人及 | 河南豫北纺纱厂 | | 抵扣联 |
| 纳税人识别号 | 440122312560623 | 纳税人识别号 | 255678989809890 | | |
| 起运地、经由、到达地 | | 河南安阳—河北石家庄 | | | 受票方记账凭证 |

| 费用项目及金额 | 费用项目 | 金额 | 费用项目 | 金额 | 运输货物信息 | 棉纱 |
|---|---|---|---|---|---|---|
| | 运费 | 5000.00 | | | | |

| 合计金额 | ￥5000.00 | 税率 | 11% | 税额 | ￥550.00 | 机器编号 |
|---|---|---|---|---|---|---|
| 价税合计（大写） | 伍仟伍佰伍拾元整 | | | （小写）￥5550.00 | | |
| 车种车号 | 汽车 | 车船吨位 | | 发票专用章 | | |
| 主管税务机关及代码 | 安阳国家税务局 871233220 | | | 税号：255678989801232 | 备注 | |

河南安阳安达运输公司
发票专用章

收款人：　　　　复核人：　　　　开票人：王丽　　　　承运人：（章）

附表 3－15－5　　　　　　　　　**运杂费分配表**

2014 年 3 月 9 日

| 材料名称 | 分配标准（材料重量） | 分配率 | 分配金额 |
|---|---|---|---|
| 纯棉 10 支纱 | | | |
| 纯棉 7 支纱 | | | |
| 合　计 | | | ￥5 000.00 |

主管：　　　　　会计：　　　　　复核：　　　　　　　　制表：

附表 3－15－6　　　　　　　　　**收料单**

2014 年 3 月 9 日　　　　　　　　　No. 045334

| 供货单位：河南豫北纺纱厂 | | | | | | 实际成本 | | | | | | | | | | | | |
|---|---|---|---|---|---|---|---|---|---|---|---|---|---|---|---|---|---|---|
| 编号 | 材料名称 | 规格 | 送验数量 | 实收数量 | 单位 | 单价 | 运杂费 | 金额 | | | | | | | | | | |
| | | | | | | | | 千 | 百 | 十 | 万 | 千 | 百 | 十 | 元 | 角 | 分 |
| 003 | 纯绵纱 | 10 支 | 35 000 | 35 000 | 千克 | 19.80 | | | | | | | | | | | |
| 004 | 纯棉纱 | 7 支 | 30 000 | 30 000 | 千克 | 18.50 | | | | | | | | | | | |
| | | | | | | | | | | | | | | | | | |
| 合　计 | | | | | | | | | | | | | | | | | |
| 实际单位成本： | | | | | | 附单据 3 张 | | | | | | | | | | | |

主管：　　　　　会计：　　　　　保管：冯磊　　　复核：　　　　　验收：张志强

（第三联　给财务科）

附表 3－16－1　　　　　　　　　**产品入库单**

缴库单位：基本生产车间　　　　2014 年 3 月 10 日　　　　凭证编号：018

| 编号 | 名称 | 规格 | 计量单位 | 数量 | 单价 | 金额 |
|---|---|---|---|---|---|---|
| 201 | 涤棉平布 | 幅宽 1.6 | 米 | 70 000 | | |
| 202 | 涤棉斜纹 | 幅宽 1.6 | 米 | 60 000 | | |
| 203 | 纯棉纱卡 | 幅宽 1.6 | 米 | 130 000 | | |
| 合　计 | | | | | | |

保管：冯磊　　　　　部门负责人：赵小刚

（第二联　送会计部门）

**附表 3-17-1**

**领料单**

领用单位：基本生产车间　　　　2014 年 3 月 10 日　　　　　　　凭证编号：035

用　　途：生产纯棉纱卡　　　　　　　　　　　　　　　　　　发料仓库：1 号

| 材料编号 | 材料名称 | 规格 | 计量单位 | 数量 | | 单价 | 金额 |
|---|---|---|---|---|---|---|---|
| | | | | 请领 | 实发 | | |
| 003 | 纯棉纱 | 10 支 | 千克 | 36 000 | 36 000 | | |
| | | | | | | | |
| | | | | | | | |
| 合　计 | | | | | | | |
| 备　注 | | | | | | 附单据　张 | |

领料人：张兵　　　　发料人：冯磊　　　　领料部门负责人：赵小刚

第三联　给财务科

**附表 3-17-2**

**领料单**

领用单位：基本生产车间　　　　2014 年 3 月 10 日　　　　　　　凭证编号：036

用　　途：生产纯棉纱卡　　　　　　　　　　　　　　　　　　发料仓库：1 号

| 材料编号 | 材料名称 | 规格 | 计量单位 | 数量 | | 单价 | 金额 |
|---|---|---|---|---|---|---|---|
| | | | | 请领 | 实发 | | |
| 004 | 纯棉纱 | 7 支 | 千克 | 28 800 | 28 800 | | |
| | | | | | | | |
| | | | | | | | |
| 合　计 | | | | | | | |
| 备　注 | | | | | | 附单据　张 | |

领料人：张兵　　　　发料人：冯磊　　　　领料部门负责人：赵小刚

第三联　给财务科

**附表 3-17-3**

**领料单**

领用单位：基本生产车间　　　　2014 年 3 月 10 日　　　　　　　凭证编号：037

用　　途：生产涤棉平布与涤棉斜纹　　　　　　　　　　　　发料仓库：1 号

| 材料编号 | 材料名称 | 规格 | 计量单位 | 数量 | | 单价 | 金额 |
|---|---|---|---|---|---|---|---|
| | | | | 请领 | 实发 | | |
| 001 | 涤棉纱 | 45 支 | 千克 | 30 000 | 30 000 | | |
| | | | | | | | |
| | | | | | | | |
| 合　计 | | | | | | | |
| 备　注 | | | | | | 附单据　张 | |

领料人：张兵　　　　发料人：冯磊　　　　领料部门负责人：赵小刚

第三联　给财务科

**附表 3-17-4**　　　　　　　　**材料费用分配表**

原材料名称：涤棉 45 支纱　　　　2014 年 3 月 10 日

| 受益产品名称 | 产品产量 | 单位消耗定额 | 定额消耗量 | 分配率 | 分配材料金额 |
|---|---|---|---|---|---|
| 涤棉平布 | | | | | |
| 涤棉斜纹 | | | | | |
| 合　计 | | | | | |

主管：　　　　会计：　　　　　　复核：　　　　　　　制表：

**附表 3-17-5**　　　　　　　　**领料单**

领用单位：生产车间　　　　　2014 年 3 月 10 日　　　　　凭证编号：038

用　　途：生产三种布料　　　　　　　　　　　　　　　发料仓库：1 号

| 材料编号 | 材料名称 | 规格 | 计量单位 | 数量 | | 单价 | 金额 |
|---|---|---|---|---|---|---|---|
| | | | | 请领 | 实发 | | |
| 002 | PVA 浆料 | | 千克 | 6 640 | 6 640 | | |
| | | | | | | | |
| | | | | | | | |
| 合　计 | | | | | | | |
| 备　注 | | | | | | 附单据　张 | |

领料人：张兵　　　　发料人：冯磊　　　　领料部门负责人：赵小刚

**附表 3-17-6**　　　　　　　　**材料费用分配表**

原材料名称：PVA 浆料　　　　2014 年 3 月 10 日

| 受益产品名称 | 产品产量 | 单位消耗定额 | 定额消耗量 | 分配率 | 分配材料金额 |
|---|---|---|---|---|---|
| 涤棉平布 | | | | | |
| 涤棉斜纹 | | | | | |
| 纯棉纱卡 | | | | | |
| 合　计 | | | | | |

主管：　　　　会计：　　　　　　复核：　　　　　　　制表：

**附表 3 - 18 - 1**　　　　　　　　　**转账支票存根**

中国工商银行

转账支票存根

支票号码：01447371

附加信息：＿＿＿＿＿＿＿＿＿＿＿

＿＿＿＿＿＿＿＿＿＿＿＿＿＿＿＿＿＿

＿＿＿＿＿＿＿＿＿＿＿＿＿＿＿＿＿＿

出票日期：2014 年 02 月 日

| 收款人：石家庄仁华纺织有限公司 |
| 金　　额：￥355488.00 |
| 用　　途：发放工资 |

单位主管：　　会计： 苏洋

**附表 3 - 18 - 2**　　　　　　　　　**工资结算汇总表**

2014 年 2 月 28 日

| 部门名称 | | 基本工资 | 各类奖金及补贴 | 应付工资 | 代扣款项 | | | | | 实发工资 |
| --- | --- | --- | --- | --- | --- | --- | --- | --- | --- | --- |
| | | | | | 医疗保险 2% | 养老保险 8% | 失业保险 1% | 住房公积金 7% | 个人所得税 | |
| 基本生产车间 | 生产工人 | 234 000 | 3 100 | 237 100 | 4 734 | 18 936 | 2 367 | 16 569 | | 194 494 |
| | 车间管理人员 | 28 900 | 1 000 | 29 900 | 596 | 2 384 | 298 | 2 086 | | 24 536 |
| | 小　计 | 262 900 | 4 100 | 267 000 | 5 330 | 21 320 | 2 665 | 18 655 | | 219 030 |
| 辅助生产车间 | 机修车间 | 24 200 | 2 000 | 26 200 | 524 | 2 096 | 262 | 1 834 | | 21 484 |
| 行政管理部门 | | 113 400 | 2 800 | 116 200 | 2 304 | 9 216 | 1 152 | 8 064 | 1 100 | 94 364 |
| 销售部门 | | 24 800 | 1 000 | 25 800 | 510 | 2 040 | 255 | 1 785 | 600 | 20 610 |
| 合　计 | | 425 300 | 9 900 | 435 200 | 8 668 | 34 672 | 4 334 | 30 338 | 1 700 | 355 488 |

单位主管：陈凯华　　　　　　　审核：张斌　　　　　　　制表：陈芳香

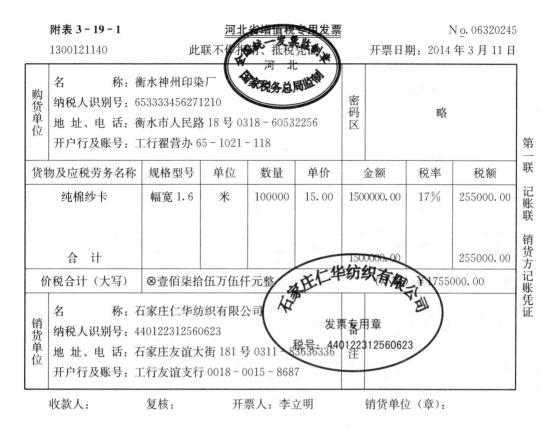

附表 3 - 19 - 1

河北省增值税专用发票

No.06320245

1300121140

此联不作报销、抵税凭证用

开票日期：2014 年 3 月 11 日

河北

| 购货单位 | 名　　称：衡水神州印染厂 | | | | | 密码区 | 略 | | |
| | 纳税人识别号：653333456271210 | | | | | | | | |
| | 地址、电话：衡水市人民路 18 号 0318 - 60532256 | | | | | | | | |
| | 开户行及账号：工行翟营办 65 - 1021 - 118 | | | | | | | | |
| 货物及应税劳务名称 | 规格型号 | 单位 | 数量 | 单价 | 金额 | 税率 | 税额 | | |
| 纯棉纱卡 | 幅宽1.6 | 米 | 100000 | 15.00 | 1500000.00 | 17％ | 255000.00 | | |
| 合　计 | | | | | 1500000.00 | | 255000.00 | | |
| 价税合计（大写） | ⊗壹佰柒拾伍万伍仟元整　　　　　　￥1755000.00 | | | | | | | | |
| 销货单位 | 名　　称：石家庄仁华纺织有限公司 | | | | | | | | |
| | 纳税人识别号：440122312560623 | | | | | | | | |
| | 地址、电话：石家庄友谊大街 181 号 0311 - 83636336 | | | | | | | | |
| | 开户行及账号：工行友谊支行 0018 - 0015 - 8687 | | | | | | | | |

第一联 记账联 销货方记账凭证

发票专用章

税号：440122312560623

收款人：　　　复核：　　　开票人：李立明　　　销货单位（章）：

附表 3 - 19 - 2　　中国工商银行进账单（收账通知）　　1

2014 年 3 月 11 日

第 36 号

| 出票人 | 全　称 | 衡水神州印染厂 | 收款人 | 全　称 | 石家庄仁华纺织有限公司 |
| | 账　号 | 65 - 1021 - 118 | | 账　号 | 0018 - 0015 - 8687 |
| | 开户银行 | 衡水市工行翟营办 | | 开户银行 | 石家庄工商银行友谊支行 |

| 人民币（大写）壹佰柒拾伍万伍仟元整 | 千 | 百 | 十 | 万 | 千 | 百 | 十 | 元 | 角 | 分 |
| | | ￥ | 1 | 7 | 5 | 5 | 0 | 0 | 0 | 0 | 0 |

| 票据种类 | 银行汇票 | 票据张数 | 1张 |
| 票据号码 | 2100000532 | | |

中国工商银行
石家庄友谊支行
2014.03.11
转讫

复核：　　　记账：　　　　　　　　开户银行盖章

此联是收款人开户银行交持票人的收账通知

附表 3 – 19 – 3 　　　　　　　**产品出库单**

2014 年 3 月 11 日　　　　　　　　　　第 29 号

| 类别 | 名称及规格 | 单位 | 数量 | | 单位成本 | 总成本 | | | | | | | | 附注 |
|---|---|---|---|---|---|---|---|---|---|---|---|---|---|---|
| | | | 请购 | 实发 | | 十万 | 千 | 百 | 十 | 元 | 角 | 分 | |
| 主要产品 | 纯棉纱卡 | 米 | 100 000 | | 100 000 | | | | | | | | |
| | | | | | | | | | | | | | |
| | | | | | | | | | | | | | |
| | | | | | | | | | | | | | |
| 合　计 | | | | | | | | | | | | | |

会计：　　　仓库主管：　　　保管：冯磊　　　经手：　　　制单：李全友

附表 3 – 20 – 1 　　　　　　　**差旅费报销单**

报销日期 2014 年 3 月 12 日

| 部门 | 基本生产车间 | 出差人 | 李建华 | 事由 | 技术交流 | | | | | | |
|---|---|---|---|---|---|---|---|---|---|---|---|
| 出差日期 | 起止地点 | 飞机 | 火车 | 汽车 | 市内交通费 | 住宿费 | 电话费 | 出差补助 | 合计 | 单据 | |
| 2014.3.9 | 石家庄—北京 | | 128 | | 240 | 1 164 | 120 | 400 | 2 180 | | |
| 2014.3.12 | 北京—石家庄 | | 128 | | | | | | | | |
| | | | | | | | | | | | |
| 合　计 | | | 256 | | 240 | 1 164 | 120 | 400 | ￥2 180.00 | | |
| 报销金额 | 人民币（大写）贰仟壹佰捌拾元整 | | | | ￥2 180.00 | | | | | | |
| 原借款 | 2 000.00 | 报销额 | 2 180.00 | 应退还 | | | | 应找补 | 180.00 | | |
| 财会审核意见 | 张佳珍 | 审批人意见 | | 陈凯华 | | | | | | | |

附表 3 – 20 – 2 　　　　　　　**现金支付单**

2014 年 3 月 12 日

| 收款单位或个人 | | 张乐 | | |
|---|---|---|---|---|
| 款项内容 | | 支付差旅费差额款 | 付款方式 | 现金 |
| 人民币（大写） | 壹佰捌拾元整 | | ￥180.00 | 现金付讫 |
| 收款单位盖　章 | | 收款人盖　章 | 张乐 | 备注 |

· 154 ·

**附表 3－21－1**

3700121140

山东省增值税专用发票

N o. 37360598

开票日期：2014 年 3 月 13 日

| 购货单位 | 名　　　称：石家庄仁华纺织有限公司 | | | | | | | | |
|---|---|---|---|---|---|---|---|---|---|
| | 纳税人识别号：440122312560623 | | | | | | | | |
| | 地址、电话：友谊大街 181 号 0311－83636336 | | | | | | | | |
| | 开户行及账号：工行友谊支行 0018－0015－8687 | | | | | | | | |

密码区　　　略

| 货物及应税劳务名称 | 规格型号 | 单位 | 数量 | 单价 | 金额 | 税率 | 税额 |
|---|---|---|---|---|---|---|---|
| 涤棉 45 支纱 | 45 支 | 千克 | 20000 | 18.40 | 368000.00 | 17％ | 62560.00 |
| 纯棉 10 支纱 | 10 支 | 千克 | 15000 | 20.00 | 300000.00 | 17％ | 51000.00 |
| 纯棉 7 支纱 | 7 支 | 千克 | 10000 | 18.80 | 188000.00 | 17％ | 31960.00 |
| 合　计 | | | | | 856000.00 | | 145520.00 |

| 价税合计（大写）　⊗壹佰万零壹仟伍佰贰拾元整 | 1001520.00 |
|---|---|

| 销货单位 | 名　　　称：山东森达纺织有限公司 |
|---|---|
| | 纳税人识别号：234567891234567 |
| | 地址、电话：济南泉城路 67 号 0531－78934453 |
| | 开户行及账号：工行槐中办 12－8425－331 |

备注　发票专用章　税号：234567891234567

收款人：　　　复核：　　　开票人：汪华　　　销货单位（章）：

第二联　发票联　购货方记账凭证

---

**附表 3－21－2**

3700121140

山东省增值税专用发票

N o. 37360598

开票日期：2014 年 3 月 13 日

| 购货单位 | 名　　　称：石家庄仁华纺织有限公司 | | | | | | | | |
|---|---|---|---|---|---|---|---|---|---|
| | 纳税人识别号：440122312560623 | | | | | | | | |
| | 地址、电话：友谊大街 181 号 0311－83636336 | | | | | | | | |
| | 开户行及账号：工行友谊支行 0018－0015－8687 | | | | | | | | |

密码区　　　略

| 货物及应税劳务名称 | 规格型号 | 单位 | 数量 | 单价 | 金额 | 税率 | 税额 |
|---|---|---|---|---|---|---|---|
| 涤棉 45 支纱 | 45 支 | 千克 | 20000 | 18.40 | 368000.00 | 17％ | 62560.00 |
| 纯棉 10 支纱 | 10 支 | 千克 | 15000 | 20.00 | 300000.00 | 17％ | 51000.00 |
| 纯棉 7 支纱 | 7 支 | 千克 | 10000 | 18.80 | 188000.00 | 17％ | 31960.00 |
| 合　计 | | | | | 856000.00 | | 145520.00 |

| 价税合计（大写）　⊗壹佰万零壹仟伍佰贰拾元整 | 1001520.00 |
|---|---|

| 销货单位 | 名　　　称：山东森达纺织有限公司 |
|---|---|
| | 纳税人识别号：234567891234567 |
| | 地址、电话：济南泉城路 67 号 0531－78934453 |
| | 开户行及账号：工行槐中办 12－8425－331 |

备注　发票专用章　税号：234567891234567

收款人：　　　复核：　　　开票人：汪华　　　销货单位（章）：

第三联　抵扣联　购货方扣税凭证

**附表 3-21-3**　　　　　货物运输业增值税专用发票　　　　　No. 87652358

3700121140　　　　　　　　　　　　　　　　　　　开票日期：2014 年 3 月 13 日

| 承运人及纳税人识别号 | 山东济南平安运输公司　230122312560733 | 略 | | |
|---|---|---|---|---|
| 实际受票方及纳税人识别号 | 石家庄仁华纺织有限公司　440122312560623 | | | |
| 收货人及纳税人识别号 | 石家庄仁华纺织有限公司　440122312560623 | 发货人及纳税人识别号 | 山东森达纺织有限公司　234567891234567 | |
| 起运地、经由、到达地 | 山东济南—河北石家庄 | | | |

| 费用项目及金额 | 费用项目 | 金额 | 费用项目 | 金额 | 运输货物信息 | 棉纱 |
|---|---|---|---|---|---|---|
| | 运费 | 3500.00 | | | | |

| 合计金额 | ￥3500.00 | 税率 | 11% | 税额 | ￥385.00 | 机器编号 | |
|---|---|---|---|---|---|---|---|
| 价税合计（大写） | 叁仟捌佰捌拾伍元整 | | | | ￥3885.00 | | |
| 车种车号 | 汽车 | 车船吨位 | | | | | |
| 主管税务机关及代码 | 济南国家税务局　261233220 | | 备注 | 发票专用章 | | | |

税号：230122312560733

收款人：　　　　复核人：　　　　开票人：李丽　　　　承运人：（章）

第三联　发票联　受票方记账凭证

---

**附表 3-21-4**　　　　　货物运输业增值税专用发票　　　　　No. 87652358

3700121140　　　　　　　　　　　　　　　　　　　开票日期：2014 年 3 月 13 日

| 承运人及纳税人识别号 | 山东济南平安运输公司　230122312560733 | 略 | | |
|---|---|---|---|---|
| 实际受票方及纳税人识别号 | 石家庄仁华纺织有限公司　440122312560623 | | | |
| 收货人及纳税人识别号 | 石家庄仁华纺织有限公司　440122312560623 | 发货人及纳税人识别号 | 山东森达纺织有限公司　234567891234567 | |
| 起运地、经由、到达地 | 山东济南—河北石家庄 | | | |

| 费用项目及金额 | 费用项目 | 金额 | 费用项目 | 金额 | 运输货物信息 | 棉纱 |
|---|---|---|---|---|---|---|
| | 运费 | 3500.00 | | | | |

| 合计金额 | ￥3500.00 | 税率 | 11% | 税额 | ￥385.00 | 机器编号 | |
|---|---|---|---|---|---|---|---|
| 价税合计（大写） | 叁仟捌佰捌拾伍元整 | | | | | | |
| 车种车号 | 汽车 | 车船吨位 | | | | | |
| 主管税务机关及代码 | 济南国家税务局　261233220 | | 备注 | 发票专用章 | | | |

税号：230122312560733

收款人：　　　　复核人：　　　　开票人：李丽　　　　承运人：（章）

第二联　抵扣联　受票方扣税凭证

附表3-21-5　　　　　　中国工商银行　信汇凭证（回单）　1

委托日期：2014年3月13日　　　　　　No.00461332

| 汇款人 | 全称 | 石家庄仁华纺织有限公司 | 收款人 | 全称 | 山东森达纺织有限公司 |
|---|---|---|---|---|---|
| | 账号 | 0018-0015-8687 | | 账号 | 12-8425-331 |
| | 汇出地点 | 河北　省 石家庄　市/县 | | 汇入地点 | 山东　省　济南　市/县 |

| 汇出行名称 | 石家庄工行友谊支行 | 汇入行名称 | 济南工行槐中办 |
|---|---|---|---|

| 金额 | 人民币（大写）　壹佰万零伍仟肆佰零伍元整 | 亿 | 千 | 百 | 十 | 万 | 千 | 百 | 十 | 元 | 角 | 分 |
|---|---|---|---|---|---|---|---|---|---|---|---|---|
| | | | ¥1 | 0 | 0 | 5 | 4 | 0 | 5 | 0 | 0 |

中国工商银行
石家庄友谊支行
2014.03.13
转讫

汇出行签章

支付密码

附加信息及用途：货款及运费
款已从你单位账户汇出

复核：　　　记账：

此联是汇出行给汇款人的回单

附表3-21-6　　　　　　运杂费分配表

2014年3月13日

| 材料名称 | 分配标准（材料重量） | 分配率 | 分配金额 |
|---|---|---|---|
| 涤棉45支纱 | | | |
| 纯棉10支纱 | | | |
| 纯棉7支纱 | | | |
| 合　计 | | | ¥3 500.00 |

主管：　　　会计：　　　复核：　　　　　　制表：

附表3-21-7　　　　　　收料单

2014年3月13日　　　　　　No.045335

| 编号 | 材料名称 | 规格 | 送验数量 | 实收数量 | 单位 | 单价 | 运杂费 | 金额 千 | 百 | 十 | 万 | 千 | 百 | 十 | 元 | 角 | 分 |
|---|---|---|---|---|---|---|---|---|---|---|---|---|---|---|---|---|---|
| 001 | 涤棉纱 | 45支 | 20 000 | 20 000 | 千克 | 18.40 | | | | | | | | | | | |
| 003 | 纯棉纱 | 10支 | 15 000 | 15 000 | 千克 | 20.00 | | | | | | | | | | | |
| 004 | 纯棉纱 | 7支 | 10 000 | 10 000 | 千克 | 18.80 | | | | | | | | | | | |
| 合　计 | | | | | | | | | | | | | | | | | |

供货单位：山东森达纺织有限公司　　实际成本

实际单位成本：　　　　　　　附单据　张

主管：　　　会计：　　　保管：冯磊　　　复核：　　　验收：张志强

第三联　给财务科

附表 3-22-1　　　　中国工商银行　信汇凭证（收账通知）　4

委托日期：2014 年 3 月 14 日　　　　　No. 01461361

<table>
<tr><td rowspan="3">汇款人</td><td>全称</td><td>衡水神州印染厂</td><td rowspan="3">收款人</td><td>全称</td><td colspan="10">石家庄仁华纺织有限公司</td><td rowspan="12">此联是汇入行给收款人的收账通知</td></tr>
<tr><td>账号</td><td>65-1021-118</td><td>账号</td><td colspan="10">0018-0015-8687</td></tr>
<tr><td>汇出地点</td><td>河北省　衡水 市/县</td><td>汇入地点</td><td colspan="10">河北省　石家庄 市/县</td></tr>
<tr><td colspan="2">汇出行名称</td><td>工行衡水市翟营办</td><td colspan="2">汇入行名称</td><td colspan="10">工行石家庄友谊支行</td></tr>
<tr><td rowspan="2">金额</td><td colspan="2" rowspan="2">人民币（大写）　肆拾伍万元整</td><td></td><td>亿</td><td>千</td><td>百</td><td>十</td><td>万</td><td>千</td><td>百</td><td>十</td><td>元</td><td>角</td><td>分</td></tr>
<tr><td></td><td></td><td></td><td>¥</td><td>4</td><td>5</td><td>0</td><td>0</td><td>0</td><td>0</td><td>0</td><td>0</td></tr>
<tr><td colspan="3">款已收入你账户内</td><td colspan="11">支付密码</td></tr>
<tr><td colspan="3">中国工商银行<br>石家庄友谊支行<br>2014.03.14<br>转讫</td><td colspan="11">附加信息及用途：货款</td></tr>
<tr><td colspan="3">汇入行签章</td><td colspan="11">复核：　　　　记账：</td></tr>
</table>

附表 3-23-1　　　　河北省增值税专用发票　　　　No. 06320246

1300121140　　　此联不作报销　报款凭证　　　开票日期：2014 年 3 月 15 日

<table>
<tr><td rowspan="4">购货单位</td><td>名　　称：</td><td colspan="5">北京尚华印染厂</td><td rowspan="4">密码区</td><td></td><td rowspan="12">第一联　记账联　销货方记账凭证</td></tr>
<tr><td>纳税人识别号：</td><td colspan="5">010338795874839</td><td></td></tr>
<tr><td>地 址、电 话：</td><td colspan="5">北京市东风路 23 号 010-86360312</td><td></td></tr>
<tr><td>开户行及账号：</td><td colspan="5">北京市工行亦庄办 01-4588-018</td><td></td></tr>
<tr><td>货物及应税劳务名称</td><td>规格型号</td><td>单位</td><td>数量</td><td>单价</td><td>金额</td><td>税率</td><td>税额</td></tr>
<tr><td>涤棉平布</td><td>幅宽 1.6</td><td>米</td><td>90000</td><td>6.50</td><td>585000.00</td><td>17％</td><td>99450.00</td></tr>
<tr><td>涤棉斜纹</td><td>幅宽 1.6</td><td>米</td><td>110000</td><td>8.50</td><td>935000.00</td><td></td><td>158950.00</td></tr>
<tr><td>合　计</td><td></td><td></td><td></td><td></td><td>1520000.00</td><td></td><td>258400.00</td></tr>
<tr><td>价税合计（大写）</td><td colspan="6">⊗壹佰柒拾柒万捌仟肆佰元整</td><td>（小写）￥1778400.00</td></tr>
<tr><td rowspan="4">销货单位</td><td>名　　称：</td><td colspan="6">石家庄仁华纺织有限公司</td></tr>
<tr><td>纳税人识别号：</td><td colspan="6">440122312560623</td></tr>
<tr><td>地 址、电 话：</td><td colspan="6">石家庄市友谊大街 181 号</td></tr>
<tr><td>开户行及账号：</td><td colspan="6">工行友谊支行 0018-0015-8687</td></tr>
</table>

备注　发票专用章　税号：440122312560623

收款人：　　　复核：　　　开票人：李立明　　　销货单位（章）：

附表 3－23－2　　　　　**产品出库单**

2014 年 3 月 15 日　　　　　　　　　　　　　　　第 30 号

| 类别 | 名称及规格 | 单位 | 数量 | | 单位成本 | 总成本 | | | | | | | | | 附注 |
|------|-----------|------|------|------|---------|-----|----|----|----|----|----|----|----|----|------|
| | | | 请购 | 实发 | | 十万 | 万 | 千 | 百 | 十 | 元 | 角 | 分 | | |
| 主要产品 | 涤棉平布 | 米 | 90 000 | | 150 000 | | | | | | | | | | |
| 主要产品 | 涤棉斜纹 | 米 | 110 000 | | 110 000 | | | | | | | | | | |
| | | | | | | | | | | | | | | | |
| | | | | | | | | | | | | | | | |
| 合　计 | | | | | | | | | | | | | | | |

附单据　　张

会计：　　　仓库主管：　　　　保管：冯磊　　　经手：　　　制单：李全友

附表 3－24－1　　　　　**固定资产折旧计算表**

2014 年 3 月 15 日

| 使用部门 | 固定资产项目 | 上月折旧额 | 上月增加固定资产 | | 上月减少固定资产 | | 本月折旧额 | 应借科目 |
|---------|-------------|-----------|----------------|------|----------------|------|-----------|---------|
| | | | 原价 | 月折旧额 | 原价 | 月折旧额 | | |
| 基本生产车间 | 车间厂房 | | | | | | | |
| | 剑杆织机 | | | | | | | |
| | 联想电脑 | | | | | | | |
| | 小　计 | | | | | | | |
| 机修车间 | 辅楼 | | | | | | | |
| | 车床 | | | | | | | |
| | 华硕电脑 | | | | | | | |
| | 小　计 | | | | | | | |
| 管理部门 | 行政办公楼 | | | | | | | |
| | 复印机 | | | | | | | |
| | 戴尔电脑 | | | | | | | |
| | 四通打印机 | | | | | | | |
| | 大众轿车 | | | | | | | |
| | 小　计 | | | | | | | |
| 销售部门 | 神舟电脑 | | | | | | | |
| | 佳能打印机 | | | | | | | |
| | 卡车 | | | | | | | |
| | 小　计 | | | | | | | |
| 出租 | 销售门市 | | | | | | | |
| 合　计 | | | | | | | | |

复核：　　　　　　　　　　制表人：

**附表 3 - 25 - 1**

石家庄市服务业统一发票

服务（乙）字

N。1329546

客户名称：石家庄仁华纺织有限公司

| 项目 | 单位 | 数量 | 单价 | 金额 | | | | | | | |
|---|---|---|---|---|---|---|---|---|---|---|---|
| | | | | 十万 | 千 | 百 | 十 | 元 | 角 | 分 | |
| 展位费 | | | 3 000.00 | | 3 | 0 | 0 | 0 | 0 | 0 | |
| | | | | | | | | | | | |
| 合计金额（大写）叁仟元整 | | | | | ￥ | 3 | 0 | 0 | 0 | 0 | 0 |

销货单位（盖章）：　　　　开票人：赵虎　　　　收款人：刘明亮

**附表 3 - 25 - 2**　　　　　　　　**转账支票存根**

中国工商银行
转账支票存根

支票号码：01447384

附加信息：_____

_____

出票日期：2014 年 03 月 16 日

| 收款人：石家庄市商品展销公司 |
|---|
| 金　额：￥3000. 00 |
| 用　途：展位费 |

单位主管：　　会计：苏洋

**附表 3 - 26 - 1**

3100122140

上海市增值税专用发票

No.17331296

开票日期：2014 年 3 月 17 日

| 购货单位 | 名　　　称：石家庄仁华纺织有限公司 | | | | | 密码区 | 略 | | |
|---|---|---|---|---|---|---|---|---|---|
| | 纳税人识别号：440122312560623 | | | | | | | | |
| | 地址、电话：友谊大街 181 号 0311 - 83636336 | | | | | | | | |
| | 开户行及账号：工行友谊支行 0018 - 0015 - 8687 | | | | | | | | |

| 货物及应税劳务名称 | 规格型号 | 单位 | 数量 | 单价 | 金额 | 税率 | 税额 |
|---|---|---|---|---|---|---|---|
| PVA 浆料 | | 千克 | 4000 | 15.30 | 61200.00 | 17% | 10404.00 |
| 合　计 | | | | | 61200.00 | | 10404.00 |

| 价税合计（大写） | ⊗柒万壹仟陆佰零肆元整 | （小写）￥71604.00 |
|---|---|---|

| 销货单位 | 名　　　称：上海东方化工有限公司 | 备注 |
|---|---|---|
| | 纳税人识别号：588992325069854 | |
| | 地址、电话：上海市北京路 6 号 021 - 69833352 | 发票专用章 |
| | 开户行及账号：上海工行大华办 58 - 8425 - 521 | |

收款人：　　　复核：　　　开票人：李长江　　　销货单位（章）：

第二联　发票联　购货方记账凭证

**附表 3 - 26 - 2**

3100122140

上海市增值税专用发票

No.17331296

开票日期：2014 年 3 月 17 日

| 购货单位 | 名　　　称：石家庄仁华纺织有限公司 | | | | | 密码区 | 略 | | |
|---|---|---|---|---|---|---|---|---|---|
| | 纳税人识别号：440122312560623 | | | | | | | | |
| | 地址、电话：友谊大街 181 号 0311 - 83636336 | | | | | | | | |
| | 开户行及账号：工行友谊支行 0018 - 0015 - 8687 | | | | | | | | |

| 货物及应税劳务名称 | 规格型号 | 单位 | 数量 | 单价 | 金额 | 税率 | 税额 |
|---|---|---|---|---|---|---|---|
| PVA 浆料 | | 千克 | 4000 | 15.30 | 61200.00 | 17% | 10404.00 |
| 合　计 | | | | | 61200.00 | | 10404.00 |

| 价税合计（大写） | ⊗柒万壹仟陆佰零肆元整 | （小写）￥71604.00 |
|---|---|---|

| 销货单位 | 名　　　称：上海东方化工有限公司 | 备注 |
|---|---|---|
| | 纳税人识别号：588992325069854 | |
| | 地址、电话：上海市北京路 6 号 021 - 69833352 | 发票专用章 |
| | 开户行及账号：上海工行大华办 58 - 8425 - 521 | |

收款人：　　　复核：　　　开票人：李长江　　　销货单位（章）：

第三联　抵扣联　购货方扣税凭证

**附表 3 - 26 - 3**

货物运输业增值税专用发票　　　　N o.87652432

3100134142　　　　　　　　　　　开票日期：2014 年 3 月 6 日

| 承运人及 | 上海阳达运输公司 | | 密码区 | 略 | |
| 纳税人识别号 | 255678989801232 | | | | |
| 实际受票方及 | 石家庄仁华纺织有限公司 | | | | |
| 纳税人识别号 | 440122312560623 | | | | |
| 收货人及 | 石家庄仁华纺织有限公司 | | 发货人及 | 上海东方化工有限公司 | |
| 纳税人识别号 | 440122312560623 | | 纳税人识别号 | 588992325069854 | |
| 起运地、经由、到达地 | | 上海—河北石家庄 | | | |
| 费用项目及金额 | 费用项目 | 金额 | 费用项目 | 金额 | 运输货物信息 | 浆料 |
| | 运费 | 1400.00 | | | | |
| | 合计金额 | ￥1400.00 | 税率 | 11% | 税额 ￥154.00 | 机器编号 |
| | 价税合计（大写） | 壹仟伍佰伍拾肆元整 | | | （小写）￥1554.00 | |
| | 车种车号 | 汽车 | 车船吨位 | | 发票专用章 备注 | |
| | 主管税务机关及代码 | 上海国家税务局 871233220 | | | 税号：255678989801232 | |

收款人：　　　　复核人：　　　　开票人：王娜　　　　承运人：（章）

第三联　发票联　受票方记账凭证

**附表 3 - 26 - 4**

货物运输业增值税专用发票　　　　N o.87652432

3100134142　　　　　　　　　　　开票日期：2014 年 3 月 6 日

| 承运人及 | 上海阳达运输公司 | | 密码区 | 略 | |
| 纳税人识别号 | 255678989801232 | | | | |
| 实际受票方及 | 石家庄仁华纺织有限公司 | | | | |
| 纳税人识别号 | 440122312560623 | | | | |
| 收货人及 | 石家庄仁华纺织有限公司 | | 发货人及 | 上海东方化工有限公司 | |
| 纳税人识别号 | 440122312560623 | | 纳税人识别号 | 588992325069854 | |
| 起运地、经由、到达地 | | 上海—河北石家庄 | | | |
| 费用项目及金额 | 费用项目 | 金额 | 费用项目 | 金额 | 运输货物信息 | 浆料 |
| | 运费 | 1400.00 | | | | |
| | 合计金额 | ￥1400.00 | 税率 | 11% | 税额 ￥154.00 | 机器编号 |
| | 价税合计（大写） | 壹仟伍佰伍拾肆元整 | | | （小写）￥1554.00 | |
| | 车种车号 | 汽车 | 车船吨位 | | 发票专用章 备注 | |
| | 主管税务机关及代码 | 上海国家税务局 871233220 | | | 税号：255678989801232 | |

收款人：　　　　复核人：　　　　开票人：王娜　　　　承运人：（章）

第二联　抵扣联　受票方扣税凭证

附表 3－26－5

## 收料单

2014 年 3 月 6 日

No.045336

| 供货单位：上海东方化工有限公司 | | | | | | | | 实际成本 | | | | | | | | | |
|---|---|---|---|---|---|---|---|---|---|---|---|---|---|---|---|---|---|
| 编号 | 材料名称 | 规格 | 送验数量 | 实收数量 | 单位 | 单价 | 运杂费 | 金额 | | | | | | | | | |
| | | | | | | | | 千 | 百 | 十 | 万 | 千 | 百 | 十 | 元 | 角 | 分 |
| 002 | PVA浆料 | | 4 000 | 4 000 | 千克 | 15.30 | 1 400 | | | 6 | 2 | 6 | 0 | 0 | 0 | 0 |
| | | | | | | | | | | | | | | | | | |
| | | | | | | | | | | | | | | | | | |
| 合　计 | | | | | | | | | ¥ | 6 | 2 | 6 | 0 | 0 | 0 | 0 |
| 实际单位成本：¥15.65 | | | | | | | | 附单据3张 | | | | | | | | | |

主管：　　　　会计：　　　　保管：冯磊　　　　复核：　　　　验收：张志强

第三联　给财务科

附表 3－26－6

## 商业承兑汇票（存根）3

出票日期
（大写）　　贰零壹肆 年零叁 月壹拾柒 日

00100062
20147351

| 付款人 | 全　称 | 石家庄仁华纺织有限公司 | 收款人 | 全　称 | 上海东方化工有限公司 | | | | | | | | | |
|---|---|---|---|---|---|---|---|---|---|---|---|---|---|---|
| | 账　号 | 0018－0015－8687 | | 账　号 | 58－8425－531 | | | | | | | | | |
| | 开户银行 | 石家庄工行友谊支行 | | 开户银行 | 上海工行大华办 | | | | | | | | | |
| 出票金额 | | 人民币 柒万叁仟壹佰伍拾捌元整（大写） | | | 千 | 百 | 十 | 万 | 千 | 百 | 十 | 元 | 角 | 分 |
| | | | | | | | ¥ | 7 | 3 | 1 | 5 | 8 | 0 | 0 |
| 汇票到期日（大写） | | 贰零壹肆年零陆月壹拾柒日 | 付款人开户行 | 行号 | | 26568 | | | | | | | | |
| 交易合同号码 | | 2014030037 | | 地址 | | 石家庄市友谊大街56号 | | | | | | | | |
| 备注： | | | | | | | | | | | | | | |

负责　　　　经办

此联由出票人存查

**附表 3 - 27 - 1**

1300121140

河北省增值税专用发票

Nо.130065379

开票日期：2014 年 3 月 19 日

| 购货单位 | 名　　　称：石家庄仁华纺织有限公司 | | | | | | 密码区 | 略 | |
| --- | --- | --- | --- | --- | --- | --- | --- | --- | --- |
| | 纳税人识别号：440122312560623 | | | | | | | | |
| | 地址、电话：石家庄市友谊大街 181 号 | | | | | | | | |
| | 开户行及账号：工行友谊支行 0018 - 0015 - 8687 | | | | | | | | |

| 货物及应税劳务名称 | 规格型号 | 单位 | 数量 | 单价 | 金额 | 税率 | 税额 |
| --- | --- | --- | --- | --- | --- | --- | --- |
| 水 | | 吨 | 4050 | 4 | 16200.00 | 13% | 2106.00 |
| 合　计 | | | | | 16200.00 | | 2106.00 |

| 价税合计（大写） | ⊗壹万捌仟叁佰零陆元整 | （小写）¥18306.00 |
| --- | --- | --- |

| 销货单位 | 名　　　称：石家庄供水公司 | | |
| --- | --- | --- | --- |
| | 纳税人识别号：155678989809923 | 发票专用章 | |
| | 地址、电话：石家庄中华大街 166 号 | 税号：155678989809923 | |
| | 开户行及账号：石家庄市工行中华办 15 - 2402 - 117 | | |

收款人：　　　　复核：　　　　开票人：王光明　　　　销货单位（章）：

第二联　发票联　购货方记账凭证

---

**附表 3 - 27 - 2**

1300121140

河北省增值税专用发票

Nо.130065379

开票日期：2014 年 3 月 19 日

| 购货单位 | 名　　　称：石家庄仁华纺织有限公司 | | | | | | 密码区 | 略 | |
| --- | --- | --- | --- | --- | --- | --- | --- | --- | --- |
| | 纳税人识别号：440122312560623 | | | | | | | | |
| | 地址、电话：石家庄市友谊大街 181 号 | | | | | | | | |
| | 开户行及账号：工行友谊支行 0018 - 0015 - 8687 | | | | | | | | |

| 货物及应税劳务名称 | 规格型号 | 单位 | 数量 | 单价 | 金额 | 税率 | 税额 |
| --- | --- | --- | --- | --- | --- | --- | --- |
| 水 | | 吨 | 4050 | 4 | 16200.00 | 13% | 2106.00 |
| 合　计 | | | | | 16200.00 | | 2106.00 |

| 价税合计（大写） | ⊗壹万捌仟叁佰零陆元整 | （小写）¥18306.00 |
| --- | --- | --- |

| 销货单位 | 名　　　称：石家庄供水公司 | | |
| --- | --- | --- | --- |
| | 纳税人识别号：155678989809923 | 备 | |
| | 地址、电话：石家庄中华大街 166 号 | 发票专用章 | |
| | 开户行及账号：石家庄市工行中华办 15 - 2402 - 117 | 税号：155678989809923 | |

收款人：　　　　复核：　　　　开票人：王光明　　　　销货单位（章）：

第三联　抵扣联　购货方扣税凭证

附表 3 - 27 - 3　　　　　　　转账支票存根

中国工商银行
转账支票存根

支票号码：01447386

附加信息：_____

_____

_____

出票日期：2014 年 03 月 19 日

| 收款人： | 石家庄供水公司 |
|---|---|
| 金　额： | ￥18306.00 |
| 用　途： | 支付水费 |

单位主管：　　会计：

附表 3 - 27 - 4　　　　河北省增值税专用发票　　　　No. 130062358

1300121140　　　　　　　　　　　　　　　　开票日期：2014 年 3 月 19 日

| 购货单位 | 名　称：石家庄仁华纺织有限公司 | | | | | | 密码区 | | 略 | |
|---|---|---|---|---|---|---|---|---|---|---|
| | 纳税人识别号：440122312560623 | | | | | | | | | |
| | 地址、电话：石家庄市友谊大街 181 号 | | | | | | | | | |
| | 开户行及账号：工行友谊支行 0018 - 0015 - 8687 | | | | | | | | | |
| 货物及应税劳务名称 | 规格型号 | 单位 | 数量 | 单价 | 金额 | 税率 | 税额 |
| 电 | | 度 | 55000 | 0.72 | 39600.00 | 17％ | 6732.00 |
| 合　计 | | | | | 39600.00 | | 6732.00 |
| 价税合计（大写）　⊗肆万陆仟叁佰叁拾贰元整　　　　（小写）￥46332.00 | | | | | | | |
| 销货单位 | 名　称：石家庄供电公司 | | | | | 备 | |
| | 纳税人识别号：155678989801900 | | | | | | |
| | 地址、电话：石家庄中华大街 167 号 | | | | 发票专用章 | | |
| | 开户行及账号：石家庄市工行中华办 15 - 2402 - 税号：155678989801900 | | | | | | |

收款人：　　　复核：　　　开票人：王明　　　销货单位（章）：

第二联　发票联　购货方记账凭证

**附表 3-27-5**

| 货物及应税劳务名称 | 规格型号 | 单位 | 数量 | 单价 | 金额 | 税率 | 税额 |
|---|---|---|---|---|---|---|---|
| 电 | | 度 | 55000 | 0.72 | 39600.00 | 17% | 6732.00 |
| 合　计 | | | | | 39600.00 | | 6732.00 |

河北省增值税专用发票

N o.130062358

1300121140　　　　　　　　　　　　　开票日期：2014 年 3 月 19 日

购货单位
名　　　称：石家庄仁华纺织有限公司
纳税人识别号：440122312560623
地址、电话：石家庄市友谊大街 181 号
开户行及账号：工行友谊支行 0018-0015-8687

密码区　　略

第三联　抵扣联　购货方扣税凭证

价税合计（大写）　⊗肆万陆仟叁佰叁拾贰元整　　　　（小写）¥46332.00

销货单位
名　　　称：石家庄供电局
纳税人识别号：155678989801900
地址、电话：石家庄中华大街 167 号
开户行及账号：石家庄市工行中华办 15-2402- 税号：155678989801900

备

发票专用章

收款人：　　　复核：　　　开票人：王明　　　销货单位（章）：

**附表 3-27-6**　　　　　　　　**转账支票存根**

中国工商银行
转账支票存根

支票号码：01447387

附加信息：＿＿＿＿＿＿＿＿＿＿

＿＿＿＿＿＿＿＿＿＿＿＿＿＿

出票日期：2014 年 03 月 19 日

收款人：石家庄供电公司

金　额：¥46332.00

用　途：支付电费

单位主管：　　　会计：

**附表 3－28－1**

**产品入库单**

缴库单位：基本生产车间　　　　　　2014 年 3 月 20 日　　　　　　凭证编号：019

第二联 送会计部门

| 编号 | 名称 | 规格 | 计量单位 | 数量 | 单价 | 金额 |
|------|------|------|----------|------|------|------|
| 201 | 涤棉平布 | 幅宽 1.6 | 米 | 73 000 | | |
| 202 | 涤棉斜纹 | 幅宽 1.6 | 米 | 72 000 | | |
| 203 | 纯棉纱卡 | 幅宽 1.6 | 米 | 138 000 | | |
| 合　计 | | | | | | |

保管：冯磊　　　　　　部门负责人：赵小刚

**附表 3－29－1**

**领料单**

领用单位：基本生产车间　　　　　　2014 年 3 月 23 日　　　　　　凭证编号：039

用　途：生产纯棉纱卡　　　　　　　　　　　　　　　　　　　　　发料仓库：1 号

| 材料编号 | 材料名称 | 规格 | 计量单位 | 数量 请领 | 数量 实发 | 单价 | 金额 |
|----------|----------|------|----------|------|------|------|------|
| 003 | 纯棉纱 | 10 支 | 千克 | 19 200 | 19 200 | | |
| | | | | | | | |
| | | | | | | | |
| 合　计 | | | | | | | |
| 备　注 | | | | | | 附单据　张 | |

领料人：张兵　　　　　发料人：冯磊　　　　　　　领料部门负责人：赵小刚

**附表 3－29－2**

**领料单**

领用单位：基本生产车间　　　　　　2014 年 3 月 23 日　　　　　　凭证编号：040

用　途：生产纯棉纱卡　　　　　　　　　　　　　　　　　　　　　发料仓库：1 号

| 材料编号 | 材料名称 | 规格 | 计量单位 | 数量 请领 | 数量 实发 | 单价 | 金额 |
|----------|----------|------|----------|------|------|------|------|
| 004 | 纯棉纱 | 7 支 | 千克 | 15 360 | 15 360 | | |
| | | | | | | | |
| | | | | | | | |
| 合　计 | | | | | | | |
| 备　注 | | | | | | 附单据　张 | |

领料人：张兵　　　　　发料人：冯磊　　　　　　　领料部门负责人：赵小刚

第三联 给财务科

附表 3－29－3　　　　　　　　　　　**领料单**

领用单位：基本生产车间　　　　　2014 年 3 月 23 日　　　　　　　凭证编号：041

用　　途：生产涤棉平布与涤棉斜纹　　　　　　　　　　　　　　　发料仓库：1 号

| 材料编号 | 材料名称 | 规格 | 计量单位 | 数量 | | 单价 | 金额 |
|---|---|---|---|---|---|---|---|
| | | | | 请领 | 实发 | | |
| 001 | 涤棉纱 | 45 支 | 千克 | 13 550 | 13 550 | | |
| | | | | | | | |
| | | | | | | | |
| 合　计 | | | | | | | |
| 备　注 | | | | | | 附单据　张 | |

领料人：张兵　　　　　发料人：冯磊　　　　　　　领料部门负责人：赵小刚

附表 3－29－4　　　　　　　　　　**材料费用分配表**

原材料名称：涤棉 45 支纱　　　　　2014 年 3 月 23 日

| 受益产品名称 | 产品产量 | 单位消耗定额 | 定额消耗量 | 分配率 | 分配材料金额 |
|---|---|---|---|---|---|
| 涤棉平布 | | | | | |
| 涤棉斜纹 | | | | | |
| 合　计 | | | | | |

主管：　　　会计：　　　　　　复核：　　　　　　制表：

附表 3－29－5　　　　　　　　　　　**领料单**

领用单位：生产车间　　　　　　2014 年 3 月 23 日　　　　　　　凭证编号：042

用　　途：生产三种布料　　　　　　　　　　　　　　　　　　　发料仓库：1 号

| 材料编号 | 材料名称 | 规格 | 计量单位 | 数量 | | 单价 | 金额 |
|---|---|---|---|---|---|---|---|
| | | | | 请领 | 实发 | | |
| 002 | PVA 浆料 | | 千克 | 3 370 | 3 370 | | |
| | | | | | | | |
| | | | | | | | |
| 合　计 | | | | | | | |
| 备　注 | | | | | | 附单据　张 | |

领料人：张兵　　　　　发料人：冯磊　　　　　　　领料部门负责人：赵小刚

附表 3 - 29 - 6 **材料费用分配表**

原材料名称：PVA 浆料 2014 年 3 月 23 日

| 受益产品名称 | 产品产量 | 单位消耗定额 | 定额消耗量 | 分配率 | 分配材料金额 |
|---|---|---|---|---|---|
| 涤棉平布 | | | | | |
| 涤棉斜纹 | | | | | |
| 纯棉纱卡 | | | | | |
| 合　计 | | | | | |

主管：　　　会计：　　　　　复核：　　　　　　　制表：

附表 3 - 30 - 1 **固定资产报废单**

固定资产编号：005　　　　　填报日期：2014 年 3 月 24 日

| 固定资产名称 | 规格型号 | 单位 | 数量 | 预计使用年限 | 已使用年限 | 原值 | 已提折旧 | 备注 |
|---|---|---|---|---|---|---|---|---|
| 剑杆织布机 | | 台 | 1 | 10 | 8 | 11 200 | 8 500 | |
| 固定资产状况及报废原因 | | 操作不当、已不能使用 | | | | | | |

| 处理意见 | 使用部门 | 技术鉴定小组 | 固定资产管理部门 | 财会部门 | 主管部门审批 |
|---|---|---|---|---|---|
| | 已不能使用 李文斌 | 已鉴定可以报废 王辉 | 建议报废 赵金华 | 同意报废 张佳珍 | 同意报废 陈凯华 |

附表 3 - 30 - 2 **石家庄社会服务业统一发票**

客户名称：石家庄仁华纺织有限公司　　　　2014 年 3 月 24 日　　　　No.08886026

| 服务项目 | 单位 | 数量 | 单价 | 金额 | | | | | | | 备注 |
|---|---|---|---|---|---|---|---|---|---|---|---|
| | | | | 十 | 万 | 千 | 百 | 十 | 元 | 角 | 分 | |
| 设备清理费 | | 1 | 200.00 | | | | 2 | 0 | 0 | 0 | 0 | |
| | | | | | | | | | | | | |
| | | | | | | | | | | | | |
| | | | 现金付讫 | | | | | | | | | |
| 合计金额（大写）　贰佰元整 | | | | | ¥ | 2 | 0 | 0 | 0 | 0 | |

单位名称（盖章）　　　　　收款人：王栓　　　　开票人：王梅

发票专用章

第二联　发票联

附表 3 - 30 - 3 　　　　　**物资回收业统一收购单**

客户名称：石家庄仁华纺织有限公司　收购日期：2104 年 3 月 24 日　　　　Ｎｏ.6626169

收购单位名称：石家庄宝洁物资回收公司

| 回收物品名称 | 规格等级 | 单位 | 数量 | 单价 | 金额 |
|---|---|---|---|---|---|
| 报废织布机 | | | | 1 200 | 1 200.00 |
| | | | | | |
| | | | | | |
| 金额合计（大写）　壹仟贰佰元整 | | | | | ￥1 200.00 |

收购单位（盖章）：　　　　　　　　付款人：吴浩康　　　　开票人：刘芳

第二联　交售方记账

附表 3 - 30 - 4 　　　　　**中国工商银行进账单（收账通知）　1**

　　　　　　　　　　　　　　2014 年 3 月 24 日　　　　　　　　　　第 56 号

| 出票人 | 全称 | 石家庄宝洁物资回收公司 | 收款人 | 全称 | 石家庄仁华纺织有限公司 | | | | | | | | | | |
|---|---|---|---|---|---|---|---|---|---|---|---|---|---|---|---|
| | 账号 | 0023 - 2756 - 1821 | | 账号 | 0018 - 0015 - 8687 | | | | | | | | | | |
| | 开户银行 | 石家庄市工行中华办 | | 开户银行 | 石家庄工商银行友谊支行 | | | | | | | | | | |
| 人民币（大写）壹仟贰佰元整 | | | | | | 千 | 百 | 十 | 万 | 千 | 百 | 十 | 元 | 角 | 分 |
| | | | | | | | | | ￥ | 1 | 2 | 0 | 0 | 0 | 0 |
| 票据种类 | 转账支票 | 票据张数 | 1 张 | | | | | | | | | | | | |
| 票据号码 | 10000236 | | | | | | | | | | | | | | |
| 复核：　　　记账： | | | | 开户银行盖章 | | | | | | | | | | | |

中国工商银行
石家庄友谊支行
2014.03.24
转讫

此联是收款人开户银行交持票人的收账通知

附表 3 - 30 - 5 　　　　　**固定资产清理报废（减少）计算表**

　　　　　　　　　　　　　　2014 年 3 月 24 日

| 固定资产名称 | 原值 | 累计折旧 | 清理费用 | 变价收入 | 应交税费 | 净损失（收益） |
|---|---|---|---|---|---|---|
| 剑杆织布机 | | | | | | |
| | | | | | | |

主管：　　　　　　　审核：　　　　　　　制单：

**附表 3 - 31 - 1**

河北省增值税专用发票

N o. 06320248

1300121140

此联不作报销、扣税凭证

河 北

开票日期：2014 年 3 月 25 日

| 购货单位 | 名 称：无锡兴隆印染厂 纳税人识别号：477755849302234 地址、电话：无锡红星路 3 号 0510 - 62829877 开户行及账号：无锡市工行富强办 47 - 4938 - 997 | | | | | 密码区 | 略 | | |
|---|---|---|---|---|---|---|---|---|---|

| 货物及应税劳务名称 | 规格型号 | 单位 | 数量 | 单价 | 金额 | 税率 | 税额 |
|---|---|---|---|---|---|---|---|
| 涤棉平布 | 幅宽 1.6 | 米 | 70000 | 6.60 | 462000.00 | 17% | 78540.00 |
| 涤棉斜纹 | 幅宽 1.6 | 米 | 80000 | 8.50 | 680000.00 | | 115600.00 |
| 纯棉纱卡 | 幅宽 1.6 | 米 | 150000 | 15.00 | 2250000.00 | | 382500.00 |
| 合 计 | | | | | 3392000.00 | | 576640.00 |

| 价税合计（大写） | ⊗叁佰玖拾陆万捌仟陆佰肆拾元整 ￥3968640.00 |
|---|---|

| 销货单位 | 名 称：石家庄仁华纺织有限公司 纳税人识别号：440122312560623 地址、电话：石家庄友谊大街 181 号 0311 - 83683644 开户行及账号：工行友谊支行 0018 - 0015 - 8687 | 发票专用章 税号：440122312560623 |
|---|---|---|

收款人：　　　复核：　　　开票：李立明　　　销货单位（章）

第一联 记账联 销货方记账凭证

---

**附表 3 - 31 - 2**

中国银行　电汇凭证（收账通知）　4

□普通　☑加急　　委托日期：2014 年 3 月 25 日

| 汇款人 | 全称 | 无锡兴隆印染厂 | 收款人 | 全称 | 石家庄仁华纺织有限公司 | | | | | | | | | | |
|---|---|---|---|---|---|---|---|---|---|---|---|---|---|---|---|
| | 账号 | 47 - 4938 - 997 | | 账号 | 0018 - 0015 - 8687 | | | | | | | | | | |
| | 汇出地点 | 江苏省无锡市 | | 汇入地点 | 河北省石家庄市 | | | | | | | | | | |
| 汇出行名称 | | 无锡市工行富强办 | 汇入行名称 | | 工行石家庄友谊支行 | | | | | | | | | | |

| 金额 | 人民币（大写）　叁佰玖拾陆万捌仟陆佰肆拾元整 | 亿 | 千 | 百 | 十 | 万 | 千 | 百 | 十 | 元 | 角 | 分 |
|---|---|---|---|---|---|---|---|---|---|---|---|---|
| | | | ￥ | 3 | 9 | 6 | 8 | 6 | 4 | 0 | 0 | 0 |

款项已收入收款人账户

中国工商银行
石家庄友谊支行
2014.02.04
转讫 汇入行签章

支付密码

附加信息及用途：货款

复核：　　　记账：

此联是汇入行给收款人的收账通知

**附表 3 - 31 - 3**　　　　　　　　**产品出库单**

2014 年 3 月 25 日　　　　　　　　　　　　　第 31 号

| 类别 | 名称及规格 | 单位 | 数量 | | 单位成本 | 总成本 | | | | | | | | 附注 |
| --- | --- | --- | --- | --- | --- | --- | --- | --- | --- | --- | --- | --- | --- | --- |
| | | | 请购 | 实发 | | 十万 | 千 | 百 | 十 | 元 | 角 | 分 | |
| 主要产品 | 涤棉平布 | 米 | 70 000 | 70 000 | | | | | | | | | |
| 主要产品 | 涤棉斜纹 | 米 | 80 000 | 80 000 | | | | | | | | | |
| 主要产品 | 纯棉纱卡 | 米 | 150 000 | 150 000 | | | | | | | | | |
| | | | | | | | | | | | | | |
| 合　计 | | | | | | | | | | | | | |

附单据 张

会计：　　　　仓库主管：　　　　保管：冯磊　　　　经手：　　　　制单：李全友

**附表 3 - 32 - 1**　　　　　　　　**石家庄市商业零售统一发票**

购货单位：石家庄市仁华纺织有限公司　　　　　　　　　　2014 年 3 月 28 日

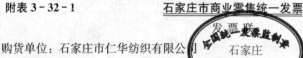

| 品名及名称 | 规格 | 单位 | 数量 | 单价 | 金额 | | | | | | |
| --- | --- | --- | --- | --- | --- | --- | --- | --- | --- | --- |
| | | | | | 万 | 千 | 百 | 十 | 元 | 角 | 分 |
| 耐磨手套 | | 付 | 7 | 20.00 | | 1 | 4 | 0 | 0 | 0 |
| | | | | 现金付讫 | | | | | | |
| | | | | | | 1 | 4 | 0 | 0 | 0 |
| 金额合计（大写）壹佰肆拾元整 | | | | （小写）￥140.00 | | | | | | |
| 备注： | | | | | | | | | | |

② 付款方报销凭证

开票单位（盖章）：　　　　复核人：　　　　开票人：刘海

注：直接交付机修车间使用。

**附表 3 - 33 - 1**　　　　　　　　**产品入库单**

缴库单位：基本生产车间　　　　2014 年 3 月 30 日　　　　凭证编号：020

| 编号 | 名称 | 规格 | 计量单位 | 数量 | 单价 | 金额 |
| --- | --- | --- | --- | --- | --- | --- |
| 201 | 涤棉平布 | 幅宽 1.6 | 米 | 72 600 | | |
| 202 | 涤棉斜纹 | 幅宽 1.6 | 米 | 66 000 | | |
| 203 | 纯棉纱卡 | 幅宽 1.6 | 米 | 134 000 | | |
| 合　计 | | | | | | |

第二联 送会计部门

保管：冯磊　　　　部门负责人：赵小刚

附表 3－34－1　　　　　　　　**预付费用分摊表**

2014 年 3 月 31 日

| 费用项目 | 待摊总额 | 分摊期 | 本月摊销金额 | 应计账户 |
|---|---|---|---|---|
| 财产保险费 | 3 000 | 6 | 500 | 管理费用 |
| 报刊杂志费 | 1 200 | 12 | 100 | 管理费用 |
| 合　计 | | | ￥600.00 | |

财务主管：　　　　　审核：李立明　　　　　　制表：苏洋

附表 3－35－1　　　　　　　　**借款利息费用计算表**

2014 年 3 月 28 日

| 项目　借款品种 | 借款日 | 到期日 | 借款本金 | 月利率 | 本月应计利息 |
|---|---|---|---|---|---|
| 生产周转借款 | 2014.1.2 | 2014.7.2 | 800 000 | 0.65% | 5 200 |
| | | | | | |
| | | | | | |
| 合　计 | | | | | ￥5 200.00 |

财务主管：　　　　　审核：李立明　　　　　　制表：苏洋

附表 3－35－2　　**中国工商银行　借款计息通知（付款通知）　3**

2014 年 3 月 31 日

| 付款人 | 全称 | 石家庄仁华纺织有限公司 | 收款人 | 全称 | 中国工商银行石家庄友谊支行 | | | | | | | | | |
|---|---|---|---|---|---|---|---|---|---|---|---|---|---|---|
| | 账号 | 0018－0015－8687 | | 账号 | 1001－2886－1189 | | | | | | | | | |
| | 开户银行 | 石家庄工商银行友谊支行 | | 开户银行 | 工商银行石家庄友谊支行 | | | | | | | | | |
| 人民币（大写） | | 壹万伍仟陆佰元整 | | | | 千 | 百 | 十 | 万 | 千 | 百 | 十 | 元 | 角 | 分 |
| | | | | | | | | ￥ | 1 | 5 | 6 | 0 | 0 | 0 | 0 |
| 结息期 | 2014.01.02—2014.03.31 | | | | | | | | | | | | | |
| 计息基数 | 800 000.00 | | 中国工商银行 友谊支行 2014.03.31 收讫 开户银行盖章 | | | | | | | | | | | |
| 利率 | 月利率0.65% | | | | | | | | | | | | | |
| 复核：　　记账： | | | | | | | | | | | | | | |

此联是收款人开户银行交持票人的回单

附表 3-36-1　　　　　　　　　**无形资产摊销计算表**

2014 年 3 月 31 日

| 项目　　　　　　　　无形资产名称 | 来源 | 原始价值 | 原价确认日期 | 分摊期（月数） | 本期分摊金额 |
|---|---|---|---|---|---|
| 非专利技术 | 外购 | 90 000 | 2013.5.1 | 60 个月 | 1 500 |
|  |  |  |  |  |  |
| 合　计 |  |  |  |  | ¥1 500.00 |

财务主管：　　　　　　　审核：李立明　　　　　　　　　制表：苏洋

附表 3-37-1　　　　　　　　　**3 月水费分配表**

2014 年 3 月 31 日

| 部门 | | 产品产量 | 工时定额 | 定额总工时 | 分配率 | 耗用数量 | 单价 | 金额 |
|---|---|---|---|---|---|---|---|---|
| 基本生产车间 | 涤棉平布 |  |  |  |  |  |  |  |
| | 涤棉斜纹 |  |  |  |  |  |  |  |
| | 小　计 |  |  |  |  | 2 330 |  |  |
| | 一般耗用 |  |  |  |  | 400 |  |  |
| 辅助生产车间 | 机修车间 |  |  |  |  | 350 |  |  |
| 行政管理部门 | |  |  |  |  | 650 |  |  |
| 销售部门 | |  |  |  |  | 320 |  |  |
| 合　计 | |  |  |  |  | 4 050 | 4 | 16 200 |

财务主管：　　　　　　　审核：李立明　　　　　　　　　制表：苏洋

附表 3-37-2　　　　　　　　　**3 月电费分配表**

2014 年 3 月 31 日

| 部门 | | 产品产量 | 工时定额 | 定额总工时 | 分配率 | 耗用数量 | 单价 | 金额 |
|---|---|---|---|---|---|---|---|---|
| 基本生产车间 | 涤棉平布 |  |  |  |  |  |  |  |
| | 涤棉斜纹 |  |  |  |  |  |  |  |
| | 小　计 |  |  |  |  | 43 500 |  |  |
| | 一般耗用 |  |  |  |  | 2 800 |  |  |
| 辅助生产车间 | 机修车间 |  |  |  |  | 3 100 |  |  |
| 行政管理部门 | |  |  |  |  | 3 200 |  |  |
| 销售部门 | |  |  |  |  | 2 400 |  |  |
| 合　计 | |  |  |  |  | 55 000 | 0.72 | 39 600 |

财务主管：　　　　　　　审核：李立明　　　　　　　　　制表：苏洋

附表 3－38－1　　　　　　　　**工资结算汇总表**

2014 年 3 月 31 日

| 部门名称 | | 基本工资 | 各类奖金及补贴 | 应付工资 | 代扣款项 | | | | | 实发工资 |
|---|---|---|---|---|---|---|---|---|---|---|
| | | | | | 医疗保险 2% | 养老保险 8% | 失业保险 1% | 住房公积金 7% | 个人所得税 | |
| 基本生产车间 | 生产工人 | 236 000 | 3 100 | 239 100 | 4 734 | 18 936 | 2 367 | 16 569 | 100 | 196 394 |
| | 车间管理人员 | 28 900 | 1 000 | 29 900 | 596 | 2 384 | 298 | 2 086 | | 24 536 |
| | 小　计 | 264 900 | 4 100 | 269 000 | 5 330 | 21 320 | 2 665 | 18 655 | | 220 930 |
| 辅助生产车间 | 机修车间 | 24 200 | 2 000 | 26 200 | 524 | 2 096 | 262 | 1 834 | | 21 484 |
| 行政管理部门 | | 114 200 | 2 800 | 117 000 | 2 304 | 9 216 | 1 152 | 8 064 | 1 100 | 95 164 |
| 销售部门 | | 25 000 | 1 000 | 26 000 | 510 | 2 040 | 255 | 1 785 | 600 | 20 810 |
| 合　计 | | 428 300 | 9 900 | 438 200 | 8 668 | 34 672 | 4 334 | 30 338 | 1 800 | 358 388 |

单位主管：陈凯华　　　　　　审核：张斌　　　　　　制表：陈芳香

附表 3－38－2　　　　　　　　**工资分配表**

2014 年 3 月 31 日

| 应借科目 | | | | 产品产量 | 工时定额 | 定额总工时 | 分配率 | 应分配工资金额 |
|---|---|---|---|---|---|---|---|---|
| 生产成本 | 基本生产成本 | 涤棉平布 | 直接人工 | | | | | |
| | | 涤棉斜纹 | 直接人工 | | | | | |
| | | 纯棉纱卡 | 直接人工 | | | | | |
| | | 小　计 | | | | | | |
| | 辅助生产成本 | 机修车间 | 工资 | | | | | |
| 制造费用 | 基本生产车间 | | 工资 | | | | | |
| 管理费用 | | | 工资 | | | | | |
| 销售费用 | | | 工资 | | | | | |
| 合　计 | | | | | | | | |

单位主管：陈凯华　　　　　审核：苏洋　　　　　制表：王金华

附表 3 - 39 - 1　　　　　　　　**社会保险费和住房公积金计提表**

2014 年 3 月 31 日

| 应借科目 | | | | 工资基数 | 医疗保险 8% | 养老保险 20% | 失业保险 2% | 住房公积金 12% | 合计 |
|---|---|---|---|---|---|---|---|---|---|
| 生产成本 | 基本生产成本 | 涤棉平布 | 直接人工 | 77 992.18 | | | | | |
| | | 涤棉斜纹 | 直接人工 | 91 102.57 | | | | | |
| | | 纯棉纱卡 | 直接人工 | 67 605.25 | | | | | |
| | | 小　计 | | 236 700 | | | | | |
| | 辅助生产成本 | 机修车间 | 职工薪酬 | 26 200 | | | | | |
| 制造费用 | 基本生产车间 | | 职工薪酬 | 29 800 | | | | | |
| 管理费用 | | | 职工薪酬 | 115 200 | | | | | |
| 销售费用 | | | 职工薪酬 | 25 500 | | | | | |
| 合　计 | | | | 433 400 | | | | | |

单位主管：陈凯华　　　　　审核：苏洋　　　　　制表：王金华

附表 3-39-2　　　　　**工会经费和职工教育经费计提表**

2014 年 3 月 31 日

| 应借科目 | | | 工资基数 | 工会经费 2% | 职工教育经费 1.5% | 合计 |
|---|---|---|---|---|---|---|
| 生产成本 | 基本生产成本 | 涤棉平布 直接人工 | 77 992.18 | | | |
| | | 涤棉斜纹 直接人工 | 91 102.57 | | | |
| | | 纯棉纱卡 直接人工 | 67 605.25 | | | |
| | 小　计 | | 236 700 | | | |
| | 辅助生产成本 | 机修车间 职工薪酬 | 26 200 | | | |
| 制造费用 | 基本生产车间 | 职工薪酬 | 29 800 | | | |
| 管理费用 | | 职工薪酬 | 115 200 | | | |
| 销售费用 | | 职工薪酬 | 25 500 | | | |
| 合　计 | | | 433 400 | | | |

单位主管：陈凯华　　　　审核：苏洋　　　　制表：王金华

附表 3-40-1　　　　　**辅助生产费用分配表**

2014 年 3 月 31 日

| 项目 | | 应分配费用 | 劳务量（工时） | 分配率（四位小数） | 基本生产车间 | 管理部门 | 销售部门 |
|---|---|---|---|---|---|---|---|
| 机修车间 | 数量（工时） | | 510 | | 320 | 110 | 80 |
| | 金额（元） | | | | | | |

财务主管：　　　　审核：　　　　制表：

附表 3-41-1　　　　　**制造费用分配表**

2014 年 3 月 31 日

| 产品名称 | 产品产量 | 工时定额 | 定额总工时 | 分配率 | 分配金额 |
|---|---|---|---|---|---|
| 涤棉平布 | | | | | |
| 涤棉斜纹 | | | | | |
| 纯棉纱卡 | | | | | |
| 合　计 | | | | | |

财务主管：　　　　审核：　　　　制表：

**附表 3 - 42 - 1**　　　　　　　　　**产品成本计算单**

产品名称：涤棉平布　　　　　　　2014 年 3 月 31 日　　　　　　　　　　　单位：元

完工产品数量：　　　　　月末在产品数量：　　　　　投料程度：　　　　　完工程度：

| 项目 | 直接材料 | 直接人工 | 制造费用 | 合计 |
|---|---|---|---|---|
| 月初在产品成本 | | | | |
| 本月发生的生产费用 | | | | |
| 生产费用合计 | | | | |
| 完工产品数量 | | | | |
| 在产品约当产量 | | | | |
| 总约当产量 | | | | |
| 分配率（单位成本） | | | | |
| 完工产品总成本 | | | | |
| 月末在产品成本 | | | | |

财务主管：　　　　　　审核：　　　　　　制表：

**附表 3 - 42 - 2**　　　　　　　　　**产品成本计算单**

产品名称：涤棉斜纹　　　　　　　2014 年 3 月 31 日　　　　　　　　　　　单位：元

完工产品数量：　　　　　月末在产品数量：　　　　　投料程度：　　　　　完工程度：

| 项目 | 直接材料 | 直接人工 | 制造费用 | 合计 |
|---|---|---|---|---|
| 月初在产品成本 | | | | |
| 本月发生的生产费用 | | | | |
| 生产费用合计 | | | | |
| 完工产品数量 | | | | |
| 在产品约当产量 | | | | |
| 总约当产量 | | | | |
| 分配率（单位成本） | | | | |
| 完工产品总成本 | | | | |
| 月末在产品成本 | | | | |

财务主管：　　　　　　审核：　　　　　　制表：

**附表 3－42－3**　　　　　　　**产品成本计算单**

产品名称：纯棉纱卡　　　　　　2014 年 3 月 31 日　　　　　　　　　单位：元

完工产品数量：　　　　　月末在产品数量：　　　　投料程度：　　　　完工程度：

| 项目 | 直接材料 | 直接人工 | 制造费用 | 合计 |
|---|---|---|---|---|
| 月初在产品成本 | | | | |
| 本月发生的生产费用 | | | | |
| 生产费用合计 | | | | |
| 完工产品数量 | | | | |
| 在产品约当产量 | | | | |
| 总约当产量 | | | | |
| 分配率（单位成本） | | | | |
| 完工产品总成本 | | | | |
| 月末在产品成本 | | | | |

财务主管：　　　　　　审核：　　　　　　制表：

**附表 3－43－1**　　　　　　　**发出商品成本计算表**

2014 年 3 月 31 日　　　　　　　　　单位：元

| 商品名称 | 月初余额 | | 本月生产完工 | | 加权平均单价 | 本月销售 | |
|---|---|---|---|---|---|---|---|
| | 数量 | 实际成本 | 数量 | 实际成本 | ⑤=(②+④)/(①+③)（保留 4 位小数） | 数量 | 实际成本 |
| | ① | ② | ③ | ④ | | ⑥ | ⑦=⑤×⑥ |
| 涤棉平布 | | | | | | | |
| 涤棉斜纹 | | | | | | | |
| 纯棉纱卡 | | | | | | | |

财务主管：　　　　　　审核：　　　　　　制表：

**附表 3－44－1**　　　　　　　**应交城建税及教育费附加计算表**

2014 年 3 月 31 日

| 计税依据 | 计税基数 | 应交城市维护建设税 | | 应交教育费附加 | |
|---|---|---|---|---|---|
| | | 税率 | 税额 | 税率 | 税额 |
| 增值税 | | 7% | | 3% | |
| | | | | | |
| | | | | | |
| 合　计 | | | | | |

财务主管：　　　　　　审核：　　　　　　制表：

附表 3 - 45 - 1 　　　　　　　　　损益类账户发生额汇总表

2014 年 3 月 31 日

| 费用、支出类科目 | | | 收入、收益类科目 | | |
|---|---|---|---|---|---|
| 科目名称 | 本期发生额 | | 科目名称 | 本期发生额 | |
| | 借方 | 贷方 | | 借方 | 贷方 |
| 主营业务成本 | | | 主营业务收入 | | |
| 其他业务成本 | | | 其他业务收入 | | |
| 营业税金及附加 | | | 营业外收入 | | |
| 管理费用 | | | 投资收益 | | |
| 销售费用 | | | | | |
| 财务费用 | | | | | |
| 营业外支出 | | | | | |
| | | | | | |
| | | | | | |
| 金额合计 | | | 金额合计 | | |

财务主管：　　　　　　　审核：　　　　　　　制表：

附表 3 - 46 - 1 　　　　　　　　　所得税计算表

单位：　　　　　　　　　　　　2014 年 3 月 31 日

| 应纳税所得额 | 所得税税率 | 应交所得税 | 备注 |
|---|---|---|---|
| | 25％ | | |
| | | | |

财务主管：　　　　　　　审核：　　　　　　　制表：